Flatland

Flächenland

[Bilingual Edition]

English – German

by Edwin A. Abbott

Translated by Möwenstein

Contents

PART I • THIS WORLD

ERSTER TEIL • DIESER WELT

Introduction

Einleitung

1.1 "Be patient, for the world is broad and wide."
"Habt Geduld, denn die Welt ist weit und breit."

§ 1 Of the Nature of Flatland

§ 1 Von der Natur des Flachlandes

1.1 I call our world Flatland, not because we call it so, but to make its nature clearer to you, my happy readers, who are privileged to live in Space.

Ich nenne unsere Welt Flatland, nicht weil wir sie so nennen, sondern um Ihnen, meinen glücklichen Lesern, die das Privileg haben, im Weltraum zu leben, ihre Natur deutlicher zu machen.

2.1 Imagine a vast sheet of paper on which straight Lines, Triangles, Squares, Pentagons, Hexagons, and other figures, instead of remaining fixed in their places, move freely about, on or in the surface, but without the power of rising above or sinking below it, very much like shadows -

Stellen Sie sich ein großes Blatt Papier vor, auf dem gerade Linien, Dreiecke, Quadrate, Fünfecke, Sechsecke und andere Figuren, anstatt an ihrem Platz zu bleiben, sich frei auf oder in der Oberfläche bewegen, ohne die Kraft, darüber zu steigen oder darunter zu sinken, ganz ähnlich wie Schatten -

2.2 only hard with luminous edges -

nur hart mit leuchtenden Rändern -

5

and you will then have a pretty correct notion of my country and countrymen. 2.3

und Sie werden dann eine ziemlich korrekte Vorstellung von meinem Land und meinen Landsleuten haben.

Alas, a few years ago, I should have said "my universe:" 2.4

Leider hätte ich vor ein paar Jahren "mein Universum" sagen sollen:"

but now my mind has been opened to higher views of things. 2.5

aber jetzt hat sich mein Geist für höhere Ansichten der Dinge geöffnet.

In such a country, you will perceive at once that it is impossible that there should be anything of what you call a 3.1

In einem solchen Land werden Sie sofort erkennen, dass es unmöglich ist, dass es irgendetwas von dem gibt, was Sie als

"solid" kind; 3.2

"fest" bezeichnen;

but I dare say you will suppose that we could at least distinguish by sight the Triangles, Squares, and other figures, moving about as I have described them. 3.3

aber ich wage zu behaupten, dass Sie annehmen werden, dass wir zumindest die Dreiecke, Quadrate und andere Figuren, die sich so bewegen, wie ich sie beschrieben habe, mit dem Auge unterscheiden könnten.

3.4 **On the contrary, we could see nothing of the kind, not at least so as to distinguish one figure from another.**

Im Gegenteil, wir konnten nichts dergleichen sehen, zumindest nicht so, dass wir eine Figur von der anderen unterscheiden konnten.

3.5 **Nothing was visible, nor could be visible, to us, except Straight Lines;**

Nichts war sichtbar, noch konnte sichtbar sein, für uns, außer Geraden;

3.6 **and the necessity of this I will speedily demonstrate.**

und die Notwendigkeit dieser werde ich schnell demonstrieren.

4.1 **Place a penny on the middle of one of your tables in Space; and leaning over it, look down upon it.**

Legen Sie einen Penny in die Mitte eines Ihrer Tische im Raum und schauen Sie darüber gebeugt nach unten.

4.2 **It will appear a circle.**

Es wird ein Kreis erscheinen.

But now, drawing back to the edge of the table, gradually lower your eye (thus bringing yourself more and more into the condition of the inhabitants of Flatland), and you will find the penny becoming more and more oval to your view, and at last when you have placed your eye exactly on the edge of the table (so that you are, as it were, actually a Flatlander) the penny will then have ceased to appear oval at all, and will have become, so far as you can see, a straight line.

5.1

Wenn Sie nun Ihr Auge bis zum Rand des Tisches zurückziehen, senken Sie es allmählich (und versetzen Sie sich so immer mehr in den Zustand der Flachlandbewohner), und Sie werden feststellen, dass der Pfennig vor Ihren Augen immer ovaler wird, und schließlich, wenn Sie Ihr Auge genau auf den Rand des Tisches gesetzt haben (so dass Sie sozusagen tatsächlich ein Flachlandbewohner sind), wird der Pfennig aufgehört haben, überhaupt oval zu erscheinen, und wird, soweit Sie sehen können, eine gerade Linie geworden sein.

The same thing would happen if you were to treat in the same way a Triangle, or a Square, or any other figure cut out from pasteboard.

6.1

Das Gleiche würde passieren, wenn Sie ein Dreieck, ein Quadrat oder eine andere aus Pappe ausgeschnittene Figur auf die gleiche Weise behandeln würden.

As soon as you look at it with your eye on the edge of the table, you will find that it ceases to appear to you as a figure, and that it becomes in appearance a straight line.

6.2

Sobald Sie es mit dem Auge auf der Tischkante betrachten, werden Sie feststellen, dass es aufhört, Ihnen als Figur zu erscheinen, und dass es dem Anschein nach eine gerade Linie wird.

8

6.3 Take for example an equilateral Triangle — who represents with us a Tradesman of the respectable class.

Nehmen wir zum Beispiel ein gleichseitiges Dreieck, das bei uns einen angesehenen Geschäftsmann darstellt.

6.4 Figure 1 represents the Tradesman as you would see him while you were bending over him from above;

Die Figur 1 stellt den Geschäftsmann so dar, wie Sie ihn sehen würden, wenn Sie sich von oben über ihn beugen würden;

6.5 figures 2 and 3 represent the Tradesman, as you would see him if your eye were close to the level, or all but on the level of the table;

die Figuren 2 und 3 stellen den Geschäftsmann so dar, wie Sie ihn sehen würden, wenn Ihr Auge nahe der Ebene oder fast auf der Ebene des Tisches wäre;

6.6 and if your eye were quite on the level of the table (and that is how we see him in Flatland) you would see nothing but a straight line.

und wenn Ihr Auge ganz auf der Ebene des Tisches wäre (und so sehen wir ihn in Flatland), würden Sie nichts als eine gerade Linie sehen.

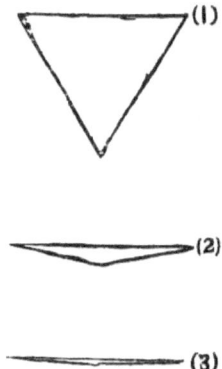

When I was in Spaceland I heard that your sailors   8.1
have very similar experiences while they traverse
your seas and discern some distant island or coast
lying on the horizon.

Als ich in Spaceland war, hörte ich, dass eure Seeleute
sehr ähnliche Erfahrungen machen, wenn sie eure Meere
durchqueren und eine ferne Insel oder Küste am Horizont
entdecken.

The far-off land may have bays, forelands, angles in   8.2
and out to any number and extent;

Das ferne Land mag Buchten, Vorgebirge, ein - und
ausspringende Winkel in beliebiger Zahl und Ausdehnung
haben;

8.3 yet at a distance you see none of these (unless indeed your sun shines bright upon them revealing the projections and retirements by means of light and shade), nothing but a grey unbroken line upon the water.

doch in der Ferne sieht man nichts davon (es sei denn, eure Sonne scheint hell darauf und enthüllt die Vor - und Rücksprünge durch Licht und Schatten), nichts als eine graue ununterbrochene Linie auf dem Wasser.

9.1 Well, that is just what we see when one of our triangular or other acquaintances comes towards us in Flatland.

Nun, das ist genau das, was wir sehen, wenn einer unserer dreieckigen oder anderen Bekannten in Flatland auf uns zukommt.

9.2 As there is neither sun with us, nor any light of such a kind as to make shadows, we have none of the helps to the sight that you have in Spaceland.

Da es bei uns weder eine Sonne noch ein Licht gibt, das Schatten wirft, haben wir keine der Sehhilfen, die ihr im Raumland habt.

9.3 If our friend comes closer to us we see his line becomes larger;

Wenn unser Freund sich uns nähert, sehen wir, dass seine Linie größer wird;

9.4 if he leaves us it becomes smaller;

wenn er sich von uns entfernt, wird sie kleiner;

9.5 but still he looks like a straight line;

aber er sieht immer noch wie eine gerade Linie aus;

be he a Triangle, Square, Pentagon, Hexagon, Circle, what you will -

9.6

sei es ein Dreieck, ein Quadrat, ein Fünfeck, ein Sechseck, ein Kreis, was immer Sie wollen -

a straight Line he looks and nothing else.

9.7

er sieht wie eine gerade Linie aus und nichts anderes.

You may perhaps ask how under these disadvantagous circumstances we are able to distinguish our friends from one another:

10.1

Sie werden sich vielleicht fragen, wie wir unter diesen ungünstigen Umständen unsere Freunde voneinander unterscheiden können:

but the answer to this very natural question will be more fitly and easily given when I come to describe the inhabitants of Flatland.

10.2

aber die Antwort auf diese ganz natürliche Frage wird sich leichter und besser geben lassen, wenn ich dazu komme, die Bewohner von Flatland zu beschreiben.

For the present let me defer this subject, and say a word or two about the climate and houses in our country.

10.3

Lassen Sie mich dieses Thema vorerst zurückstellen und ein oder zwei Worte über das Klima und die Häuser in unserem Land sagen.

§ 2 Of the Climate and Houses in Flatland

§ 2 Vom Klima und den Häusern im Flachland

1.1 As with you, so also with us, there are four points of the compass North, South, East, and West.

Wie bei Ihnen, so gibt es auch bei uns vier Himmelsrichtungen: Nord, Süd, Ost und West.

2.1 There being no sun nor other heavenly bodies, it is impossible for us to determine the North in the usual way;

Da es weder eine Sonne noch andere Himmelskörper gibt, ist es für uns unmöglich, den Norden auf die übliche Weise zu bestimmen;

2.2 but we have a method of our own.

aber wir haben eine eigene Methode.

2.3 By a Law of Nature with us, there is a constant attraction to the South;

Durch ein Naturgesetz gibt es bei uns eine ständige Anziehungskraft nach Süden;

and, although in temperate climates this is very slight -

2.4

und obwohl diese in gemäßigten Klimazonen sehr gering ist -

so that even a Woman in reasonable health can journey several furlongs northward without much difficulty -

2.5

so dass sogar eine Frau bei vernünftiger Gesundheit ohne große Schwierigkeiten mehrere Furlongs nach Norden reisen kann -

yet the hampering effort of the southward attraction is quite sufficient to serve as a compass in most parts of our earth.

2.6

so reicht doch die hemmende Kraft der südlichen Anziehungskraft völlig aus, um in den meisten Teilen unserer Erde als Kompass zu dienen.

Moreover, the rain (which falls at stated intervals) coming always from the North, is an additional assistance;

2.7

Außerdem ist der Regen (der in bestimmten Abständen fällt), der immer aus dem Norden kommt, eine zusätzliche Hilfe;

and in the towns we have the guidance of the houses, which of course have their side-walls running for the most part North and South, so that the roofs may keep off the rain from the North.

2.8

und in den Städten haben wir die Führung der Häuser, deren Seitenwände natürlich größtenteils nach Norden und Süden verlaufen, so dass die Dächer den Regen aus dem Norden abhalten können.

14

2.9 In the country, where there are no houses, the trunks of the trees serve as some sort of guide.

Auf dem Land, wo es keine Häuser gibt, dienen die Stämme der Bäume als eine Art Leitfaden.

2.10 Altogether, we have not so much difficulty as might be expected in determining our bearings.

Alles in allem haben wir nicht so viele Schwierigkeiten, uns zu orientieren, wie man erwarten könnte.

3.1 Yet in our more temperate regions, in which the southward attraction is hardly felt, walking sometimes in a perfectly desolate plain where there have been no houses nor trees to guide me, I have been occasionally compelled to remain stationary for hours together, waiting till the rain came before continuing my journey.

Doch in unseren gemäßigteren Regionen, in denen die südliche Anziehungskraft kaum zu spüren ist, war ich manchmal gezwungen, stundenlang stehen zu bleiben und zu warten, bis der Regen kam, bevor ich meinen Weg fortsetzte, wenn ich in einer völlig trostlosen Ebene ohne Häuser und Bäume wanderte.

3.2 On the weak and aged, and especially on delicate Females, the force of attraction tells much more heavily than on the robust of the Male Sex, so that it is a point of breeding, if you meet a Lady on the street, always to give her the North side of the way -

Auf schwache und alte Menschen und besonders auf zarte Frauen wirkt die Anziehungskraft viel stärker als auf das robuste männliche Geschlecht, so dass es eine Frage der Erziehung ist, wenn man einer Dame auf der Straße begegnet, ihr immer die nördliche Seite des Weges zu zeigen -

by no means an easy thing to do always at short 3.3
notice when you are in rude health and in a climate
where it is difficult to tell your North from your
South.

keine einfache Sache, die immer kurzfristig zu tun ist,
wenn man bei schlechter Gesundheit ist und sich in einem
Klima befindet, in dem es schwierig ist, den Norden vom
Süden zu unterscheiden.

Windows there are none in our houses: 4.1

Fenster gibt es in unseren Häusern keine:

for the light comes to us alike in our homes and out of 4.2
them, by day and by night, equally at all times and in
all places, whence we know not.

denn das Licht kommt zu uns in unsere Häuser und aus
ihnen heraus, bei Tag und bei Nacht, zu allen Zeiten und an
allen Orten gleichermaßen, woher wir es nicht kennen.

It was in old days, with our learned men, an 4.3
interesting and oft-investigate question:

In alten Zeiten war es für unsere Gelehrten eine
interessante und oft untersuchte Frage:

"What is the origin of light?" 4.4

"Was ist der Ursprung des Lichts?"

and the solution of it has been repeatedly attempted, 4.5
with no other result than to crowd our lunatic
asylums with the would-be solvers.

und die Lösung dieser Frage wurde wiederholt versucht,
mit dem einzigen Ergebnis, dass unsere Irrenanstalten mit
den Möchtegern-Lösern überfüllt waren.

4.6 Hence, after fruitless attempts to suppress such investigations indirectly by making them liable to a heavy tax, the Legislature, in comparatively recent times, absolutely prohibited them.

Nach vergeblichen Versuchen, solche Forschungen indirekt zu unterdrücken, indem man sie mit einer hohen Steuer belegte, hat der Gesetzgeber sie daher in jüngster Zeit absolut verboten.

4.7 I - alas, I alone in Flatland -

Ich - ach, ich allein in Flatland -

4.8 know now only too well the true solution of this mysterious problem;

kenne jetzt nur zu gut die wahre Lösung dieses mysteriösen Problems;

4.9 but my knowledge cannot be made intelligible to a single one of my countrymen;

aber mein Wissen kann keinem einzigen meiner Landsleute verständlich gemacht werden;

4.10 and I am mocked at - I,

und ich werde verspottet - ich,

4.11 the sole possessor of the truths of Space and of the theory of the introduction of Light from the world of three Dimensions -

der einzige Besitzer der Wahrheiten über den Raum und der Theorie über die Einführung des Lichts aus der Welt der drei Dimensionen -

4.12 as if I were the maddest of the mad!

als wäre ich der Verrückteste der Verrückten!

4.13 But a truce to these painful digressions:

Aber Schluss mit diesen schmerzlichen Abschweifungen:

let me return to our homes. 4.14
lasst mich zu unseren Häusern zurückkehren.

The most common form for the construction of a 5.1
house is five-sided or pentagonal,
Die häufigste Form für den Bau eines Hauses ist fünfseitig
oder fünfeckig,

as in the annexed figure. 5.2
wie in der beigefügten Abbildung.

The two Northern sides RO, OF, constitute the roof, 5.3
and for the most part have no doors; on the East is a
small door for the Women; on the West a much larger
one for the Men; the South side or floor is usually
doorless.
Die beiden nördlichen Seiten RO, OF, bilden das Dach und
haben zumeist keine Türen; im Osten befindet sich eine
kleine Tür für die Frauen, im Westen eine viel größere für
die Männer; die Südseite oder der Boden ist in der Regel
türlos.

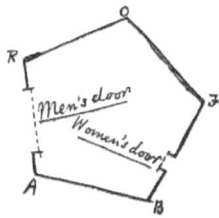

Square and triangular houses are not allowed, 7.1
Quadratische und dreieckige Häuser sind nicht erlaubt,

18

7.2 and for this reason.

und zwar aus diesem Grund.

7.3 The angles of a Square (and still more those of an
equilateral Triangle,) being much more pointed
than those of a Pentagon, and the lines of inanimate
objects (such as houses) being dimmer than the lines
of Men and Women, it follows that there is no little
danger lest the points of a square or triangular house
residence might do serious injury to an inconsiderate
or perhaps absentminded traveller suddenly running
against them:

Da die Winkel eines Quadrats (und noch mehr die eines
gleichseitigen Dreiecks) viel spitzer sind als die eines
Fünfecks und die Linien von unbelebten Objekten (wie
Häusern) schwächer sind als die Linien von Männern
und Frauen, folgt daraus, dass keine geringe Gefahr
besteht, dass die Spitzen eines quadratischen oder
dreieckigen Hauses einem unbedachten oder vielleicht
geistesabwesenden Reisenden, der plötzlich gegen sie stößt,
schwere Verletzungen zufügen könnten:

7.4 and therefore, as early as the eleventh century of our
era, triangular houses were universally forbidden
by Law, the only exceptions being fortifications,
powder-magazines, barracks, and other state
buildings, which is not desirable that the general
public should approach without circumspection.

Jahrhundert unserer Zeitrechnung waren dreieckige
Häuser allgemein gesetzlich verboten, mit der einzigen
Ausnahme von Festungsanlagen, Pulvermagazinen,
Kasernen und anderen staatlichen Gebäuden, denen sich
die Allgemeinheit nicht ohne Vorsicht nähern sollte.

At this period, square houses were still everywhere permitted, though discouraged by a special tax. 8.1

Zu dieser Zeit waren quadratische Häuser noch überall erlaubt, wenn auch durch eine Sondersteuer behindert.

But, about three centuries afterwards, the Law decided that in all towns containing a population above ten thousand, the angle of a Pentagon was the smallest house-angle that could be allowed consistently with the public safety. 8.2

Doch etwa drei Jahrhunderte später beschloss das Gesetz, dass in allen Städten mit mehr als zehntausend Einwohnern der Winkel eines Fünfecks der kleinste Hauswinkel ist, der im Einklang mit der öffentlichen Sicherheit erlaubt werden kann.

The good sense of the community has seconded the efforts of the Legislature; and now, even in the country, the pentagonal construction has superseded every other. 8.3

Der gesunde Menschenverstand hat die Bemühungen des Gesetzgebers unterstützt, und jetzt hat die fünfeckige Bauweise sogar auf dem Land jede andere Bauweise verdrängt.

It is only now and then in some very remote and backward agricultural district that an antiquarian may still discover a square house. 8.4

Nur hin und wieder kann ein Antiquar in einem sehr abgelegenen und rückständigen landwirtschaftlichen Gebiet noch ein quadratisches Haus entdecken.

§ 3 Concerning the Inhabitants of Flatland

§ 3 Über die Bewohner von Flatland

1.1 The greatest length or breadth of a full grown inhabitant of Flatland may be estimated at about eleven of your inches.

Die größte Länge oder Breite eines ausgewachsenen Bewohners von Flatland kann auf etwa elf von Ihren Zoll geschätzt werden.

1.2 Twelve inches may be regarded as a maximum.

Zwölf Zoll können als Maximum angesehen werden.

2.1 Our Women are Straight Lines.

Unsere Frauen sind geradlinig.

Our Soldiers and Lowest Class of Workmen are
Triangles with two equal sides, each about eleven
inches long, and a base or third side so short (often
not exceeding half an inch) that they form at their
vertices a very sharp and formidable angle.

3.1

Unsere Soldaten und die unterste Klasse der Arbeiter sind
Dreiecke mit zwei gleichen Seiten, von denen jede etwa
elf Zoll lang ist, und einer Basis oder dritten Seite, die so
kurz ist (oft nicht mehr als ein halber Zoll), dass sie an
ihren Scheiteln einen sehr scharfen und furchterregenden
Winkel bilden.

Indeed when their bases are of the most degraded
type (not more than the eighth part of an inch in
size),

3.2

Wenn ihre Basen von der niedrigsten Art sind (nicht mehr
als ein Achtel Zoll groß),

they can hardly be distinguished from Straight lines
or Women;

3.3

kann man sie kaum von geraden Linien oder Frauen
unterscheiden;

so extremely pointed are their vertices.

3.4

so extrem spitz sind ihre Spitzen.

With us, as with you, these Triangles are
distinguished from others by being called Isosceles;

3.5

Bei uns, wie bei euch, werden diese Dreiecke von anderen
unterschieden, indem sie gleichschenklig genannt werden;

and by this name I shall refer to them in the
following pages.

3.6

und mit diesem Namen werde ich sie auf den folgenden
Seiten bezeichnen.

4.1 **Our Middle Class consists of Equilateral or Equal-Sided Triangles.**
Unsere Mittelschicht besteht aus gleichseitigen oder gleichseitigen Dreiecken.

5.1 **Our Professional Men and Gentlemen are Squares (to which class I myself belong) and Five-Sided Figures or Pentagons.**
Unsere Professional Men and Gentlemen sind Vierecke (zu denen ich selbst gehöre) und fünfseitige Figuren oder Fünfecke.

6.1 **Next above these come the Nobility, of whom there are several degrees, beginning at Six-Sided Figures, or Hexagons, and from thence rising in the number of their sides till they receive the honourable title of Polygonal, or many-Sided.**
Darüber folgt der Adel, von dem es mehrere Grade gibt, beginnend mit sechsseitigen Figuren oder Sechsecken, und von da an ansteigend in der Anzahl ihrer Seiten, bis sie den ehrenvollen Titel polygonal oder vielseitig erhalten.

6.2 **Finally when the number of the sides becomes so numerous, and the sides themselves so small, that the figure cannot be distinguished from a circle, he is included in the Circular or Priestly order;**
Wenn schließlich die Anzahl der Seiten so zahlreich und die Seiten selbst so klein werden, dass die Figur nicht mehr von einem Kreis unterschieden werden kann, wird er in die kreisförmige oder priesterliche Ordnung aufgenommen;

6.3 **and this is the highest class of all.**
und dies ist die höchste Klasse von allen.

It is a Law of Nature with us that a male child shall have one more side than his father, so that each generation shall rise (as a rule) one step in the scale of development and nobility.

7.1

Es ist ein Naturgesetz bei uns, dass ein männliches Kind eine Seite mehr hat als sein Vater, so dass jede Generation (in der Regel) eine Stufe auf der Skala der Entwicklung und des Adels aufsteigt.

Thus the son of a Square is a Pentagon; the son of a Pentagon,

7.2

So ist der Sohn eines Quadrats ein Fünfeck,

a Hexagon; and so on.

7.3

der Sohn eines Fünfecks ein Sechseck und so weiter.

But this rule applies not always to the Tradesman, and still less often to the Soldiers, and to the Workmen; who indeed can hardly be said to deserve the name of human Figures, since they have not all their sides equal.

8.1

Aber diese Regel gilt nicht immer für den Handwerker und noch seltener für den Soldaten und den Arbeiter, von denen man kaum sagen kann, dass sie den Namen menschliche Figuren verdienen, da sie nicht alle ihre Seiten gleich haben.

With them therefore the Law of Nature does not hold;

8.2

Bei ihnen gilt also das Naturgesetz nicht;

and the son of an Isosceles (i.e. a Triangle with two sides equal) remains Isosceles still.

8.3

und der Sohn eines Gleichschenkels (d.h. eines Dreiecks mit zwei gleichen Seiten) bleibt immer noch gleichschenkelig.

8.4 Nevertheless, all hope is not such out, even from the Isosceles, that his posterity may ultimately rise above his degraded condition.

Dennoch ist selbst für den Gleichschenkligen nicht alle Hoffnung dahin, dass seine Nachkommenschaft sich schließlich über seinen erniedrigten Zustand erheben könnte.

8.5 For, after a long series of military successes, or diligent and skillful labours, it is generally found that the more intelligent among the Artisan and Soldier classes manifest a slight increase of their third side or base, and a shrinkage of the two other sides.

Denn nach einer langen Reihe von militärischen Erfolgen oder fleißiger und geschickter Arbeit stellt man im Allgemeinen fest, dass die intelligenteren unter den Handwerkern und Soldaten eine leichte Vergrößerung ihrer dritten Seite oder Basis und eine Schrumpfung der beiden anderen Seiten aufweisen.

8.6 Intermarriages (arranged by the Priests) between the sons and daughters of these more intellectual members of the lower classes generally result in an offspring approximating still more to the type of the Equal-Sided Triangle.

Die (von den Priestern arrangierten) Mischehen zwischen den Söhnen und Töchtern dieser intellektuelleren Mitglieder der unteren Klassen führen im Allgemeinen zu einem Nachwuchs, der sich dem Typus des gleichseitigen Dreiecks noch mehr annähert.

9.1 Rarely -

Selten -

9.2 in proportion to the vast numbers of Isosceles births -

im Verhältnis zu der großen Zahl gleichschenkliger Geburten -

is a genuine and certifiable Equal-Sided Triangle 9.3
produced from Isosceles parents.

wird ein echtes und nachweisbares gleichseitiges Dreieck
aus gleichschenkligen Eltern hervorgebracht[1].

[1] Such a birth requires, as its antecedents, not only 9.4
a series of carefully arranged intermarriages, but
also a long-continued exercise of frugality and self-
control on the part of the would-be ancestors of the
coming Equilateral, and a patient, systematic, and
continuous development of the Isosceles intellect
through many generations.

Eine solche Geburt erfordert als Vorläufer nicht nur
eine Reihe sorgfältig arrangierter Mischehen, sondern
auch eine lang anhaltende Übung in Genügsamkeit und
Selbstbeherrschung seitens der Möchtegern-Vorfahren
des kommenden Gleichseitigen sowie eine geduldige,
systematische und kontinuierliche Entwicklung des
gleichschenkligen Intellekts über viele Generationen.

[1] "What need of a certificate?" 10.1

[1] "Wozu eine Bescheinigung?"

a Spaceland critic may ask: 10.2

mag ein Kritiker von Spaceland fragen:

"Is not the procreation of a Square Son a certificate 10.3
from Nature herself,

"Ist nicht die Zeugung eines quadratischen Sohnes eine
Bescheinigung der Natur selbst,

proving the Equal-sidedness of the Father?" 10.4

die die Gleichseitigkeit des Vaters beweist?"

10.5 I reply that no Lady of any position will mary an uncertified Triangle.

Ich antworte, dass keine Frau, egal in welcher Position, ein unbeglaubigtes Dreieck gebären wird.

10.6 Square offspring has sometimes resulted from a slightly Irregular Triangle; but in almost every such case the Irregularity of the first generation is visited on the third; which either fails to attain the Pentagonal rank,

Quadratische Nachkommen sind manchmal aus einem leicht unregelmäßigen Dreieck hervorgegangen; aber in fast jedem solchen Fall wird die Unregelmäßigkeit der ersten Generation auf die dritte übertragen,

10.7 or relapses to the Triangular.

die entweder nicht den Rang eines Fünfecks erreicht oder zum Dreieck zurückfällt.

11.1 The birth of a True Equilateral Triangle from Isosceles parents is the subject of rejoicing in our country for many furlongs round.

Die Geburt eines echten gleichseitigen Dreiecks, das von gleichschenkligen Eltern abstammt, wird in unserem Land über weite Strecken mit Freude begrüßt.

11.2 After a strict examination conducted by the Sanitary and Social Board, the infant, if certified as Regular, is with solemn ceremonial admitted into the class of Equilaterals.

Nach einer strengen Prüfung durch die Gesundheits - und Sozialbehörde wird das Kind, wenn es als regulär eingestuft wird, mit einem feierlichen Zeremoniell in die Klasse der Gleichschenkligen aufgenommen.

He is then immediately taken from his proud yet 11.3
sorrowing parents and adopted by some childless
Equilateral, who is bound by oath never to permit
the child henceforth to enter his former home or so
much as to look upon his relations again, for fear
lest the freshly developed organism may, by force
of unconscious imitation, fall back again into his
hereditary level.

Es wird dann sofort seinen stolzen, aber trauernden Eltern
entrissen und von einem kinderlosen Gleichseitigen
adoptiert, der durch einen Eid verpflichtet ist, dem
Kind nie wieder zu erlauben, sein früheres Zuhause zu
betreten oder seine Verwandten auch nur anzusehen, aus
Angst, der frisch entwickelte Organismus könnte durch
unbewusste Nachahmung wieder auf sein erbliches Niveau
zurückfallen.

The occasional emergence of an Equilateral from the 12.1
ranks of his serf-born ancestors is welcomed, not
only by the poor serfs themselves, as a gleam of light
and hope shed upon the monotonous squalor of their
existence, but also by the Aristocracy at large;

Das gelegentliche Auftauchen eines Gleichseitigen aus
den Reihen seiner leibeigenen Vorfahren wird nicht nur
von den armen Leibeigenen selbst als ein Licht - und
Hoffnungsschimmer im eintönigen Elend ihres Daseins
begrüßt, sondern auch von der Aristokratie insgesamt;

for all the higher classes are well aware that these 12.2
rare phenomena, while they do little or nothing to
vulgarize their own privileges, serve as almost useful
barrier against revolution from below.

denn alle höheren Klassen sind sich wohl bewusst, dass
diese seltenen Erscheinungen, während sie wenig oder
nichts zur Vulgarisierung ihrer eigenen Privilegien
beitragen, als fast nützliche Barriere gegen eine Revolution
von unten dienen.

13.1 Had the acute-angled rabble been all, without
exception, absolutely destitute of hope and of
ambition, they might have found leaders in some of
their many seditious outbreaks, so able as to render
their superior numbers and strength too much even
for the wisdom of the Circles.

Wäre der spitzwinklige Pöbel ausnahmslos ohne Hoffnung
und Ehrgeiz gewesen, so hätte er in einigen seiner vielen
aufrührerischen Ausbrüche Anführer finden können, die
so fähig gewesen wären, ihre Überzahl und Stärke selbst
für die Weisheit der Kreise zu groß zu machen.

13.2 But a wise ordinance of Nature has decreed that
in proportion as the working-classes increase in
intelligence, knowledge, and all virtue, in that
same proportion their acute angle (which makes
them physically terrible) shall increase also and
approximate to their comparatively harmless angle
of the Equilateral Triangle.

Aber eine weise Verordnung der Natur hat verfügt,
dass in dem Maße, in dem die Arbeiterklassen an
Intelligenz, Wissen und allen Tugenden zunehmen, in
demselben Verhältnis auch ihr spitzer Winkel (der sie
physisch schrecklich macht) zunehmen und sich ihrem
vergleichsweise harmlosen Winkel des gleichseitigen
Dreiecks annähern soll.

13.3 Thus, in the most brutal and formidable off the
soldier class -

So zeigt sich bei den brutalsten und furchterregendsten
Vertretern der Soldatenklasse -

13.4 creatures almost on a level with women in their lack
of intelligence -

Kreaturen, die in ihrem Mangel an Intelligenz den Frauen
fast ebenbürtig sind -

it is found that, as they wax in the mental ability necessary to employ their tremendous penetrating power to advantage, so do they wane in the power of penetration itself.

13.5

dass mit der Zunahme der geistigen Fähigkeiten, die notwendig sind, um ihre enorme Durchschlagskraft vorteilhaft einzusetzen, auch die Durchschlagskraft selbst abnimmt.

How admirable is the Law of Compensation!

14.1

Wie bewundernswert ist das Gesetz der Kompensation!

•

And how perfect a proof of the natural fitness and, I may almost say, the divine origin of the aristocratic constitution of the States of Flatland!

14.2

Und welch vollkommener Beweis für die natürliche Eignung und, ich möchte fast sagen, den göttlichen Ursprung der aristokratischen Verfassung der Staaten von Flatland!

By a judicious use of this Law of Nature, the Polygons and Circles are almost always able to stifle sedition in its very cradle, taking advantage of the irrepressible and boundless hopefulness of the human mind.

14.3

Durch geschickten Gebrauch dieses Naturgesetzes gelingt es den Polygonen und Kreisen fast immer, den Aufruhr schon in der Wiege zu ersticken, indem sie sich die unbändige und grenzenlose Hoffnung des menschlichen Geistes zunutze machen.

Art also comes to the aid of Law and Order.

14.4

Auch die Kunst kommt dem Gesetz und der Ordnung zu Hilfe.

14.5 It is generally found possible — by a little artificial compression or expansion on the part of the State physicians — to make some of the more intelligent leaders of a rebellion perfectly Regular,

Man findet es im Allgemeinen möglich,

14.6 and to admit them at once into the privileged classes;

durch ein wenig künstliche Kompression oder Ausdehnung seitens der Staatsärzte einige der intelligenteren Anführer einer Rebellion vollkommen normal zu machen und sie sofort in die privilegierten Klassen aufzunehmen;

14.7 a much larger number, who are still below the standard, allured by the prospect of being ultimately ennobled, are induced to enter the State Hospitals, where they are kept in honourable confinement for life;

eine viel größere Anzahl, die noch unter dem Standard liegt, wird durch die Aussicht, schließlich geadelt zu werden, dazu gebracht, in die Staatsspitäler zu gehen, wo sie lebenslang in ehrenvoller Haft gehalten werden;

14.8 one or two alone of the most obstinate, foolish, and hopelessly irregular are led to execution.

ein oder zwei der hartnäckigsten, törichtesten und hoffnungslos irregulären werden zur Hinrichtung geführt.

15.1 Then the wretched rabble of the Isosceles, planless and leaderless, are either transfixed without resistance by the small body of their brethren whom the Chief Circle keeps in pay for emergencies of this kind;

Dann wird das elende Gesindel der Gleichschenkligen, plan - und führerlos, entweder von der kleinen Schar ihrer Brüder, die der Oberste Kreis für solche Notfälle in Lohn hält, widerstandslos überwältigt;

or else more often, by means of jealousies and 15.2
suspicious skillfully fomented among them by the
Circular party, they are stirred to mutual warfare,
and perish by one another's angles.

oder aber, was noch häufiger vorkommt, durch
Eifersüchteleien und Verdächtigungen, die von der
Kreispartei geschickt unter ihnen geschürt werden,
werden sie zu gegenseitiger Kriegsführung angestachelt
und gehen aneinander zu Grunde.

No less than one hundred and twenty rebellions are 15.3
recorded in our annals, besides minor outbreaks
numbered at two hundred and thirty-five;

Nicht weniger als einhundertzwanzig Rebellionen
sind in unseren Annalen verzeichnet, neben kleineren
Ausbrüchen, die auf zweihundertfünfunddreißig beziffert
werden;

and they have all ended thus. 15.4

und sie haben alle so geendet.

§ 4 Concerning the Women

§ 4 Betreffend die Frauen

1.1 If our highly pointed Triangles of the Soldier class are formidable, it may be readily inferred that far more formidable are our Women.

Wenn unsere stark zugespitzten Dreiecke der Soldatenklasse furchteinflößend sind, kann man ohne weiteres darauf schließen, dass unsere Frauen noch viel furchteinflößender sind.

1.2 For, if a Soldier is a wedge, a Woman is a needle;

Denn wenn ein Soldat ein Keil ist, so ist eine Frau eine Nadel;

1.3 being, so to speak, all point, at least at the two extremities.

alles ist sozusagen spitz, zumindest an den beiden Enden.

1.4 Add to this the power of making herself practically invisible at will, and you will perceive that a Female, in Flatland, is a creature by no means to be trifled with.

Hinzu kommt die Fähigkeit, sich nach Belieben praktisch unsichtbar zu machen, und Sie werden erkennen, dass eine Frau im Flachland eine Kreatur ist, mit der man auf keinen Fall spaßen sollte.

But here, perhaps, some of my younger Readers may ask HOW a woman in Flatland can make herself invisible.

2.1

Aber hier fragen sich vielleicht einige meiner jüngeren Leser, WIE sich eine Frau in Flatland unsichtbar machen kann.

This ought, I think, to be apparent without any explanation.

2.2

Das sollte, denke ich, ohne jede Erklärung offensichtlich sein.

However, a few words will make it clear to the most unreflecting.

2.3

Aber ein paar Worte werden es auch dem Unbedachtesten klar machen.

Place a needle on the table.

3.1

Legen Sie eine Nadel auf den Tisch.

Then, with your eye on the level of the table, look at it side-ways, and you see the whole length of it;

3.2

Schauen Sie dann mit dem Auge auf der Höhe des Tisches von der Seite darauf, und Sie sehen die ganze Länge der Nadel;

but look at it end-ways, and you see nothing but a point, it has become practically invisible.

3.3

schauen Sie aber von der Seite darauf, und Sie sehen nichts als einen Punkt, sie ist praktisch unsichtbar geworden.

Just so is it with one of our Women.

3.4

Genauso verhält es sich mit einer unserer Frauen.

When her side is turned towards us,

3.5

Wenn sie uns von der Seite zugewandt ist,

3.6 **we see her as a straight line;**
sehen wir sie als eine gerade Linie;

3.7 **when the end containing her eye or mouth -**
wenn das Ende, das ihr Auge oder ihren Mund enthält -

3.8 **for with us these two organs are identical -**
bei uns sind diese beiden Organe identisch -

3.9 **is the part that meets our eye, then we see nothing but a highly lustrous point;**
der Teil ist, der unserem Auge begegnet, dann sehen wir nichts als einen hochglänzenden Punkt;

3.10 **but when the back is presented to our view, then -**
wenn aber der Rücken unserem Blick präsentiert wird, dann -

3.11 **being only sub-lustrous, and, indeed, almost as dim as an inanimate object -**
da er nur sublusiv und in der Tat fast so trüb wie ein lebloser Gegenstand ist -

3.12 **her hinder extremity serves her as a kind of Invisible Cap.**
dient ihr hinteres Ende als eine Art unsichtbare Kappe.

4.1 **The dangers to which we are exposed from our Women must now be manifest to the meanest capacity of Spaceland.**
Die Gefahren, denen wir durch unsere Frauen ausgesetzt sind, müssen nun auch für die kleinste Kapazität von Spaceland offensichtlich sein.

35

If even the angle of a respectable Triangle in the middle class is not without its dangers;

4.2

Wenn selbst der Winkel eines respektablen Dreiecks in der Mittelklasse nicht ohne Gefahren ist;

if to run against a Working Man involves a gash;

4.3

wenn ein Zusammenstoß mit einem Arbeiter eine Schnittwunde nach sich zieht;

if collision with an Officer of the military class necessitates a serious wound;

4.4

wenn ein Zusammenstoß mit einem Offizier der militärischen Klasse eine ernsthafte Wunde erfordert;

if a mere touch from the vertex of a Private Soldier brings with it danger of death;

4.5

wenn eine bloße Berührung mit dem Scheitelpunkt eines privaten Soldaten die Gefahr des Todes mit sich bringt;

— what can it be to run against a woman, except absolute and immediate destruction?

4.6

— was kann es sein, gegen eine Frau zu laufen, außer der absoluten und unmittelbaren Zerstörung?

And when a Woman is invisible, or visible only as a dim sub-lustrous point, how difficult must it be, even for the most cautious, always to avoid collision!

4.7

Und wenn eine Frau unsichtbar ist oder nur als undeutlicher, sublusiver Punkt sichtbar ist, wie schwierig muss es dann selbst für die Vorsichtigsten sein, einen Zusammenstoß zu vermeiden!

36

5.1 Many are the enactments made at different times in the different States of Flatland, in order to minimize this peril;

Es gibt viele Erlasse, die zu verschiedenen Zeiten in den verschiedenen Staaten des Flachlandes gemacht wurden, um diese Gefahr zu minimieren;

5.2 and in the Southern and less temperate climates, where the force of gravitation is greater, and human beings more liable to casual and involuntary motions, the Laws concerning Women are naturally much more stringent.

und in den südlichen und weniger gemäßigten Klimazonen, wo die Schwerkraft größer ist und die Menschen anfälliger für zufällige und unfreiwillige Bewegungen sind, sind die Gesetze bezüglich der Frauen natürlich viel strenger.

5.3 But a general view of the Code may be obtained from the following summary: —

Ein allgemeiner Überblick über das Gesetzbuch kann jedoch aus der folgenden Zusammenfassung gewonnen werden: —

6.1 1. Every house shall have one entrance on the Eastern side,

1. Jedes Haus soll einen Eingang an der Ostseite haben,

6.2 for the use of Females only;

der nur von Frauen benutzt werden darf;

6.3 by which all females shall enter

durch diesen Eingang sollen alle Frauen

"in a becoming and respectful manner"[1] and not by the Men's or Western door.   6.4

"in einer angemessenen und respektvollen Weise"[1] eintreten und nicht durch die Tür der Männer oder die Westtür.

[1] When I was in Spaceland I understood that some of your Priestly Circles have in the same way a separate entrance for Villagers, Farmers, and Teachers of Board Schools (Spectator, Sept.   7.1

[1] Als ich in Spaceland war, verstand ich, dass einige eurer Priesterkreise auf die gleiche Weise einen separaten Eingang für Dorfbewohner, Bauern und Lehrer von Internatsschulen haben (Spectator, Sept.

1884, p. 1255) that they may   7.2

1884, S. 1255), damit sie sich

"approach in a becoming and respectful manner."   7.3

"in einer angemessenen und respektvollen Weise nähern können."

2. No Female shall walk in any public place without continually keeping up her Peace-cry,   8.1

2. Bei Todesstrafe darf keine Frau auf einem öffentlichen Platz gehen,

under penalty of death.   8.2

ohne ständig ihren Friedensschrei zu halten.

9.1 **3. Any Female, duly certified to be suffering from St. Vitus's Dance, fits, chronic cold accompanied by violent sneezing, or any disease necessitating involuntary motions, shall be instantly destroyed.**

3. Jedes Weibchen, das nachweislich am Veitstanz, an Anfällen, chronischer Erkältung mit heftigem Niesen oder an einer Krankheit leidet, die unwillkürliche Bewegungen erfordert, wird sofort getötet.

10.1 **In some of the States there is an additional Law forbidding Females, under penalty of death, from walking or standing in any public place without moving their backs constantly from right to left so as to indicate their presence to those behind them;**

In einigen Staaten gibt es ein zusätzliches Gesetz, das den Frauen bei Todesstrafe verbietet, auf öffentlichen Plätzen zu gehen oder zu stehen, ohne ständig den Rücken von rechts nach links zu bewegen, um denjenigen, die hinter ihnen sind, ihre Anwesenheit anzuzeigen;

10.2 **others oblige a Woman, when travelling, to be followed by one of her sons, or servants, or by her husband;**

andere verpflichten eine Frau, wenn sie reist, von einem ihrer Söhne oder Diener oder von ihrem Ehemann begleitet zu werden;

10.3 **others confine Women altogether in their houses except during the religious festivals.**

andere schließen die Frauen ganz in ihre Häuser ein, außer während der religiösen Feste.

39

But it has been found by the wisest of our Circles or 10.4
Statesmen that the multiplication of restrictions
on Females tends not only to the debilitation and
diminution of the race, but also to the increase of
domestic murders to such an extent that a State loses
more than it gains by a too prohibitive Code.

Aber die weisesten unserer Kreise und Staatsmänner haben
festgestellt, dass die Vervielfachung der Beschränkungen
für Frauen nicht nur zur Schwächung und Verminderung
der Rasse, sondern auch zur Zunahme der häuslichen
Morde in einem solchen Ausmaß führt, dass ein Staat
durch ein zu strenges Gesetzbuch mehr verliert als
gewinnt.

For whenever the temper of the Women is thus 11.1
exasperated by confinement at home or hampering
regulations abroad, they are apt to vent their spleen
upon their husbands and children;

Denn wann immer das Temperament der Frauen
durch häusliche Enge oder hinderliche Vorschriften im
Ausland erregt wird, neigen sie dazu, ihren Zorn an ihren
Ehemännern und Kindern auszulassen;

and in the less temperate climates the whole male 11.2
population of a village has been sometimes destroyed
in one or two hours of a simultaneous female
outbreak.

und in den weniger gemäßigten Klimazonen ist manchmal
die gesamte männliche Bevölkerung eines Dorfes in ein
oder zwei Stunden durch einen gleichzeitigen Ausbruch der
Frauen vernichtet worden.

11.3 Hence the Three Laws, mentioned above, suffice for the better regulated States, and may be accepted as a rough exemplification of our Female Code.

Daher genügen die oben erwähnten drei Gesetze für die besser regulierten Staaten und können als grobes Beispiel für unseren weiblichen Kodex akzeptiert werden.

12.1 After all, our principal safeguard is found, not in Legislature, but in the interests of the Women themselves.

Schließlich liegt unser wichtigster Schutz nicht in der Legislative, sondern in den Interessen der Frauen selbst.

12.2 For, although they can inflict instantaneous death by a retrograde movement, yet unless they can at once disengage their stinging extremity from the struggling body of their victim, their own frail bodies are liable to be shattered.

Denn obwohl sie durch eine Rückwärtsbewegung den sofortigen Tod herbeiführen können, besteht die Gefahr, dass ihr eigener zerbrechlicher Körper zerschmettert wird, wenn sie nicht in der Lage sind, ihr stechendes Glied sofort aus dem sich wehrenden Körper ihres Opfers zu lösen.

13.1 The power of Fashion is also on our side.

Die Macht der Mode ist auch auf unserer Seite.

13.2 I pointed out that in some less civilized States no female is suffered to stand in any public place without swaying her back from right to left.

Ich habe darauf hingewiesen, dass in einigen weniger zivilisierten Staaten keine Frau auf einem öffentlichen Platz stehen darf, ohne mit dem Rücken von rechts nach links zu schwanken.

This practice has been universal among ladies of any   13.3
pretensions to breeding in all well-governed States,
as far back as the memory of Figures can reach.
Dieser Brauch ist in allen gut regierten Staaten unter
Damen, die etwas auf sich halten, allgemein verbreitet, so
weit das Gedächtnis der Zahlen zurückreicht.

It is considered a disgrace to any state that legislation   13.4
should have to enforce what ought to be, and is in
every respectable female, a natural instinct.
Es wird als Schande für jeden Staat angesehen, dass die
Gesetzgebung etwas erzwingen muss, was eigentlich ein
natürlicher Instinkt sein sollte und bei jeder anständigen
Frau der Fall ist.

The rhythmical and, if I may so say, well-modulated   13.5
undulation of the back in our ladies of Circular rank
is envied and imitated by the wife of a common
Equilateral, who can achieve nothing beyond a mere
monotonous swing, like the ticking of a pendulum;
Das rhythmische und, wenn ich so sagen darf,
wohlmodulierte Schwingen des Rückens unserer
Damen von zirkulärem Rang wird von der Frau eines
gewöhnlichen Gleichseitigen beneidet und nachgeahmt,
die über ein bloßes monotones Schwingen, wie das Ticken
eines Pendels, nicht hinauskommt;

and the regular tick of the Equilateral is no less   13.6
admired and copied by the wife of the progressive
and aspiring Isosceles,
und das regelmäßige Ticken des Gleichseitigen wird
von der Frau des fortschrittlichen und aufstrebenden
Gleichschenkligen nicht minder bewundert und
nachgeahmt,

in the females of whose family no "back- motion"   13.7
in dessen Familie noch keine "Rückenbewegung"

13.8 of any kind has become as yet a necessity of life.
irgendeiner Art zu einer Lebensnotwendigkeit geworden ist.

13.9 Hence, in every family of position and consideration
In jeder Familie, die Rang und Namen hat, ist die

13.10 "back motion" is as prevalent as time itself;
"Rückwärtsbewegung" so verbreitet wie die Zeit selbst;

13.11 and the husbands and sons in these households enjoy immunity at least from invisible attacks.
und die Ehemänner und Söhne in diesen Haushalten genießen zumindest Immunität vor unsichtbaren Angriffen.

14.1 Not that it must be for a moment supposed that our Women are destitute of affection.
Man darf nicht einen Moment lang annehmen, dass es unseren Frauen an Zuneigung mangelt.

14.2 But unfortunately the passion of the moment predominates, in the Frail Sex, over every other consideration.
Aber leider überwiegt beim schwachen Geschlecht die Leidenschaft des Augenblicks gegenüber jeder anderen Überlegung.

14.3 This is, of course, a necessity arising from their unfortunate conformation.
Dies ist natürlich eine Notwendigkeit, die sich aus ihrer unglücklichen Konstitution ergibt.

For as they have no pretensions to an angle, being
inferior in this respect to the very lowest of the
Isosceles, they are consequently wholly devoid of
brainpower, and have neither reflection, judgment
nor forethought, and hardly any memory.

14.4

Denn da sie keinen Anspruch auf einen Winkel haben,
da sie in dieser Hinsicht dem niedrigsten Gleichschenkel
unterlegen sind, sind sie folglich völlig ohne Verstand
und haben weder Überlegung, Urteilsvermögen noch
Voraussicht, und kaum ein Gedächtnis.

Hence, in their fits of fury, they remember no claims
and recognize no distinctions.

14.5

Daher erinnern sie sich in ihren Wutanfällen an keine
Ansprüche und erkennen keine Unterschiede.

I have actually known a case where a Woman has
exterminated her whole household, and half an
hour afterwards, when her rage was over and the
fragments swept away, has asked what has become of
her husband and children.

14.6

Ich habe tatsächlich einen Fall gekannt, in dem eine Frau
ihren ganzen Haushalt vernichtet hat und eine halbe
Stunde später, als ihre Wut vorbei war und die Trümmer
weggefegt waren, fragte, was aus ihrem Mann und ihren
Kindern geworden sei.

Obviously then a Woman is not to be irritated as long
as she is in a position where she can turn round.

15.1

Es ist klar, dass eine Frau nicht gereizt werden darf, solange
sie sich in einer Position befindet, in der sie sich umdrehen
kann.

When you have them in their apartments -

15.2

Wenn Ihr sie in ihren Wohnungen habt -

15.3 which are constructed with a view to denying them that power -
die so gebaut sind, dass sie diese Macht nicht haben -

15.4 you can say and do what you like;
könnt Ihr sagen und tun, was Ihr wollt;

15.5 for they are then wholly impotent for mischief, and will not remember a few minutes hence the incident for which they may be at this moment threatening you with death, nor the promises which you may have found it necessary to make in order to pacify their fury.
denn dann sind sie völlig unfähig, Unheil anzurichten, und werden sich in ein paar Minuten weder an den Vorfall erinnern, für den sie Euch in diesem Moment mit dem Tod bedrohen, noch an die Versprechen, die Ihr vielleicht machen musstet, um ihre Wut zu besänftigen.

16.1 On the whole we got on pretty smoothly in our domestic relations,
Im Großen und Ganzen kommen wir in unseren häuslichen Beziehungen ziemlich gut zurecht,

16.2 except in the lower strata of the Military Classes.
außer in den unteren Schichten der Militärklassen.

16.3 There the want of tact and discretion on the part of the husbands produces at times indescribable disasters.
Dort führt der Mangel an Takt und Diskretion seitens der Ehemänner zuweilen zu unbeschreiblichen Katastrophen.

Relying too much on the offensive weapons of   16.4
their acute angles instead of the defensive organs
of good sense and seasonable simulations, these
reckless creatures too often neglect the prescribed
construction of the women's apartments, or irritate
their wives by ill-advised expressions out of doors,
which they refuse immediately to retract.

Indem sie sich zu sehr auf die offensiven Waffen ihrer
spitzen Winkel statt auf die defensiven Organe des
gesunden Menschenverstandes und der angemessenen
Simulationen verlassen, vernachlässigen diese
leichtsinnigen Geschöpfe zu oft die vorgeschriebene
Einrichtung der Frauenwohnungen oder reizen ihre
Frauen durch unbedachte Äußerungen im Freien, die
sie nicht sofort zurücknehmen.

Moreover a blunt and stolid regard for literal truth   16.5
indisposes them to make those lavish promises by
which the more judicious Circle can in a moment
pacify his consort.

Außerdem hindert sie eine stumpfe und nüchterne
Rücksicht auf die wörtliche Wahrheit daran, jene
großzügigen Versprechungen zu machen, mit denen
der klügere Kreis seine Gemahlin in einem Augenblick
besänftigen kann.

16.6 The result is massacre; not, however, without its advantages, as it eliminates the more brutal and troublesome of the Isosceles; and by many of our Circles the destructiveness of the Thinner Sex is regarded as one among many providential arrangements for suppressing redundant population, and nipping Revolution in the bud.

Das Ergebnis ist ein Massaker, das jedoch nicht ohne Vorteile ist, da es die brutaleren und lästigeren der Gleichschenkligen ausschaltet; und in vielen unserer Kreise wird die Zerstörungswut des dünneren Geschlechts als eine von vielen Vorkehrungen der Vorsehung angesehen, um die überflüssige Bevölkerung zu unterdrücken und die Revolution im Keim zu ersticken.

17.1 Yet even in our best regulated and most approximately Circular families I cannot say that the ideal of family life is so high as with you in Spaceland.

Doch selbst in unseren am besten geregelten und annähernd zirkulären Familien kann ich nicht sagen, dass das Ideal des Familienlebens so hoch ist wie bei euch in Spaceland.

17.2 There is peace, in so far as the absence of slaughter may be called by that name, but there is necessarily little harmony of tastes or pursuits;

Es herrscht Frieden, insofern man die Abwesenheit von Schlachten mit diesem Namen bezeichnen kann, aber es gibt notwendigerweise wenig Harmonie der Geschmäcker oder Beschäftigungen;

17.3 and the cautious wisdom of the Circles has ensured safety at the cost of domestic comfort.

und die vorsichtige Weisheit der Kreise hat die Sicherheit auf Kosten des häuslichen Komforts gewährleistet.

In every Circular or Polygonal household it has been
a habit from time immemorial -

17.4

In jedem kreisförmigen oder polygonalen Haushalt war es
von jeher eine Gewohnheit -

and now has become a kind of instinct among the
women of our higher classes -

17.5

und jetzt ist es zu einer Art Instinkt unter den Frauen
unserer höheren Klassen geworden -

that the mothers and daughters should constantly
keep their eyes and mouths towards their husband
and his male friends;

17.6

dass die Mütter und Töchter ständig ihre Augen und ihren
Mund auf ihren Ehemann und seine männlichen Freunde
gerichtet halten sollten;

and for a lady in a family of distinction to turn her
back upon her husband would be regarded as a kind
of portent, involving loss of status.

17.7

und wenn eine Dame in einer Familie von Rang ihrem
Mann den Rücken kehrte, wurde dies als eine Art
Vorzeichen angesehen, das den Verlust des Status
bedeutete.

But, as I shall soon shew, this custom, though it has
the advantage of safety, is not without disadvantages.

17.8

Aber, wie ich bald zeigen werde, hat dieser Brauch zwar
den Vorteil der Sicherheit, ist aber nicht ohne Nachteile.

In the house of the Working Man or respectable
Tradesman -

18.1

Im Haus des arbeitenden Mannes oder des ehrbaren
Kaufmanns -

18.2 where the wife is allowed to turn her back upon her husband, while pursuing her household avocations -
wo es der Frau erlaubt ist, ihrem Mann den Rücken zuzukehren, während sie ihren häuslichen Beschäftigungen nachgeht -

18.3 there are at least intervals of quiet, when the wife is neither seen nor heard, except for the humming sound of the continuous Peace-cry;
gibt es zumindest Intervalle der Ruhe, in denen die Frau weder zu sehen noch zu hören ist, abgesehen von dem summenden Klang des ständigen Friedensrufs;

18.4 but in the homes of the upper classes there is too often no peace.
aber in den Häusern der oberen Klassen gibt es zu oft keinen Frieden.

18.5 There the voluble mouth and bright penetrating eye are ever directed toward the Master of the household; and light itself is not more persistent than the stream of Feminine discourse.
Dort sind der geschwätzige Mund und das helle, durchdringende Auge stets auf den Hausherrn gerichtet, und das Licht selbst ist nicht beständiger als der Strom der weiblichen Rede.

18.6 The tact and skill which suffice to avert a Woman's sting are unequal to the task of stopping a Woman's mouth;
Taktgefühl und Geschicklichkeit, die ausreichen, um den Stachel einer Frau abzuwehren, reichen nicht aus, um den Mund einer Frau zu stopfen;

and as the wife has absolutely nothing to say, and
absolutely no constraint of wit, sense, or conscience
to prevent her from saying it, not a few cynics have
been found to aver that they prefer the danger of
the death-dealing but inaudible sting to the safe
sonorousness of a Woman's other end.

18.7

und da die Frau absolut nichts zu sagen hat, und absolut
keinen Zwang des Verstandes, der Vernunft oder des
Gewissens, der sie daran hindert, es zu sagen, hat man
nicht wenige Zyniker gefunden, die behaupten, dass
sie die Gefahr des tödlichen, aber unhörbaren Stachels
dem sicheren Wohlklang des anderen Endes einer Frau
vorziehen.

To my readers in Spaceland the condition of our
Women may seen truly deplorable,

19.1

Meinen Lesern in Spaceland mag der Zustand unserer
Frauen wirklich beklagenswert erscheinen,

and so indeed it is.

19.2

und das ist er auch.

A Male of the lowest type of the Isosceles may look
forward to some improvement of his angle, and to
the ultimate elevation of the whole of his degraded
caste;

19.3

Ein Mann des niedrigsten Typs des Gleichschenkels
kann auf eine Verbesserung seines Winkels und auf die
letztendliche Erhebung seiner gesamten degradierten
Kaste hoffen;

but no Woman can entertain such hopes for her sex.

19.4

aber keine Frau kann solche Hoffnungen für ihr Geschlecht
hegen.

"Once a Woman, always a Woman"

19.5

"Einmal eine Frau, immer eine Frau"

19.6   is a Decree of Nature; and the very Laws of Evolution seem suspended in her disfavour.

ist ein Dekret der Natur, und die Gesetze der Evolution scheinen zu ihren Ungunsten außer Kraft gesetzt.

19.7   Yet at least we can admire the wise Prearrangement which has ordained that, as they have no hopes, so they shall have no memory to recall, and no forethought to anticipate, the miseries and humiliations which are at once a necessity of their existence and the basis of the constitution of Flatland.

Dennoch können wir zumindest die weise Vorkehrung bewundern, die bestimmt hat, dass sie, da sie keine Hoffnungen haben, auch kein Gedächtnis haben, um sich zu erinnern, und kein Vorausdenken, um das Elend und die Erniedrigungen vorauszusehen, die gleichzeitig eine Notwendigkeit ihrer Existenz und die Grundlage der Verfassung des Flachlandes sind.

§ 5 Of our Methods of Recognizing one another

§ 5 Von unseren Methoden, einander zu erkennen

1.1 You, who are blessed with shade as well as light, you, who are gifted with two eyes, endowed with a knowledge of perspective, and charmed with the enjoyment of various colours, you, who can actually see an angle, and contemplate the complete circumference of a Circle in the happy region of the Three Dimensions -

Ihr, die ihr sowohl mit Schatten als auch mit Licht gesegnet seid, ihr, die ihr mit zwei Augen begabt seid, die ihr mit der Kenntnis der Perspektive ausgestattet seid und die ihr mit dem Genuss verschiedener Farben bezaubert seid, ihr, die ihr tatsächlich einen Winkel sehen und den gesamten Umfang eines Kreises in der glücklichen Region der drei Dimensionen betrachten könnt -

1.2 how shall I make it clear to you the extreme difficulty which we in Flatland experience in recognizing one another's configuration?

wie soll ich euch die extreme Schwierigkeit verdeutlichen, die wir im Flachland erleben, wenn es darum geht, die Konfiguration des anderen zu erkennen?

Recall what I told you above. 2.1

Erinnern Sie sich an das, was ich Ihnen oben gesagt habe.

All beings in Flatland, animate and inanimate, no 2.2
matter what their form, present to our view the same,
or nearly the same, appearance, viz. that of a straight
Line.

Alle Wesen im Flachland, belebt und unbelebt, egal welche
Form sie haben, haben für uns das gleiche oder fast das
gleiche Aussehen, nämlich das einer geraden Linie.

How then can one be distinguished from another, 2.3

Wie kann man dann das eine vom anderen unterscheiden,

where all appear the same? 2.4

wo doch alle gleich aussehen?

The answer is threefold. 3.1

Die Antwort ist dreifach.

The first means of recognition is the sense of hearing; 3.2
which with us is far more highly developed than with
you, and which enables us not only to distinguish
by the voice of our personal friends, but even to
discriminate between different classes, at least so far
as concerns the three lowest orders, the Equilateral,
the Square, and the Pentagon -

Das erste Erkennungsmittel ist der Gehörsinn, der bei
uns viel höher entwickelt ist als bei euch, und der uns
nicht nur befähigt, die Stimme unserer persönlichen
Freunde zu unterscheiden, sondern sogar zwischen
verschiedenen Klassen zu unterscheiden, zumindest was
die drei niedrigsten Ordnungen betrifft, das Gleichseitige,
das Viereck und das Fünfeck -

for the Isosceles I take no account. 3.3

das Gleichschenklige lasse ich außer Acht.

3.4 But as we ascend the social scale, the process of discriminating and being discriminated by hearing increases in difficulty, partly because voices are assimilated, partly because the faculty of voice-discrimination is a plebeian virtue not much developed among the Aristocracy.

Aber je höher wir auf der sozialen Skala aufsteigen, desto schwieriger wird der Prozess des Unterscheidens und Unterschiedenwerdens durch das Gehör, zum einen, weil Stimmen assimiliert werden, zum anderen, weil die Fähigkeit, Stimmen zu unterscheiden, eine plebejische Tugend ist, die in der Aristokratie nicht sehr entwickelt ist.

3.5 And wherever there is any danger of imposture we cannot trust to this method.

Und wo immer die Gefahr der Täuschung besteht, kann man sich nicht auf diese Methode verlassen.

3.6 Amongst our lowest orders, the vocal organs are developed to a degree more than correspondent with those of hearing, so that an Isosceles can easily feign the voice of a Polygon, and, with some training, that of a Circle himself.

Bei unseren niedrigsten Ordnungen sind die Stimmorgane in einem Maße entwickelt, das dem des Gehörs mehr als entspricht, so dass ein Gleichschenkel leicht die Stimme eines Vielecks und mit einiger Übung selbst die eines Kreises vortäuschen kann.

3.7 A second method is therefore more commonly resorted to.

Eine zweite Methode wird daher üblicherweise angewandt.

4.1 Feeling is, among our Women and lower classes -

Das Gefühl ist bei unseren Frauen und Unterschichten -

4.2 about our upper classes I shall speak presently -

über unsere Oberschichten werde ich gleich sprechen -

the principal test of recognition, at all events 4.3
between strangers, and when the question is, not
as to the individual, but as to the class.
der wichtigste Test für die Anerkennung, jedenfalls
zwischen Fremden, und wenn es nicht um die Person,
sondern um die Klasse geht.

What therefore "introduction" 4.4
Was also die "Einführung"

is among the higher classes in Spaceland, 4.5
bei den höheren Klassen in Spaceland ist,

that the process of "feeling" is with us. 4.6
das ist bei uns der Prozess des "Fühlens".

"Permit me to ask you to feel and be felt by my friend 4.7
Mr. So-and- so" -
"Erlauben Sie mir, Sie zu bitten, zu fühlen und von meinem
Freund, Herrn So-und-so, gefühlt zu werden" -

is still, among the more old-fashioned of our country 4.8
gentlemen in districts remote from towns, the
customary formula for a Flatland introduction.
ist immer noch, unter den altmodischeren unserer
Landherren in den stadtfernen Gegenden, die übliche
Formel für eine Flachland-Einführung.

But in the towns, and among men of business, the 4.9
words "be felt by" are omitted and the sentence
is abbreviated to, "Let me ask you to feel Mr. So-
and-so"; although it is assumed, of course, that the
"feeling" is to be reciprocal.
Aber in den Städten und unter Geschäftsleuten lässt man
die Worte "be felt by" weg und verkürzt den Satz auf
"Let me ask you to feel Mr. So-and-so," wobei natürlich
vorausgesetzt wird, dass das "feeling" auf Gegenseitigkeit
beruht.

4.10 Among our still more modern and dashing young gentlemen — who are extremely averse to superfluous effort and supremely indifferent to the purity of their native language — the formula is still further curtailed by the use of

Bei unseren noch moderneren und schneidigeren jungen Herren, die überflüssigen Anstrengungen äußerst abgeneigt sind und denen die Reinheit ihrer Muttersprache äußerst gleichgültig ist, wird die Formel noch weiter verkürzt, indem man

4.11 "to feel"

"to feel"

4.12 in a technical sense, meaning,

in einem technischen Sinne verwendet, was soviel bedeutet wie

4.13 "to recommend-for-the-purposes-of-feeling-and-being-felt";

"zum Zwecke des Fühlens und des Gefühlt-Werdens empfehlen";

4.14 and at this moment the "slang"

und in diesem Moment sanktioniert der "Slang"

4.15 of polite or fast society in the upper classes sanctions such a barbarism as

der höflichen oder schnellen Gesellschaft in den oberen Klassen eine solche Barbarei wie

4.16 "Mr. Smith, permit me to feel Mr. Jones."

"Mr. Smith, erlauben Sie mir, Mr. Jones zu fühlen."

5.1 Let not my Reader however suppose that "feeling"

Mein Leser sollte jedoch nicht annehmen, dass das "Fühlen"

is with us the tedious process that it would be with you, or that we find it necessary to feel right round all the sides of every individual before we determine the class to which he belongs.

5.2

bei uns ein so langwieriger Prozess ist, wie es bei Ihnen der Fall wäre, oder dass wir es für notwendig halten, alle Seiten eines jeden Individuums zu ertasten, bevor wir die Klasse bestimmen, zu der es gehört.

Long practice and training, begun in the schools and continued in the experience of daily life, enable us to discriminate at once by the sense of touch, between the angles of an equal-sided Triangle, Square, and Pentagon;

5.3

Lange Übung und Ausbildung, die in den Schulen begonnen und in der Erfahrung des täglichen Lebens fortgesetzt wurden, befähigen uns, durch den Tastsinn sofort zwischen den Winkeln eines gleichseitigen Dreiecks, eines Quadrats und eines Fünfecks zu unterscheiden;

and I need not say that the brainless vertex of an acute-angled Isosceles is obvious to the dullest touch.

5.4

und ich brauche nicht zu sagen, dass der hirnlose Scheitelpunkt eines spitzwinkligen Gleichschenkels für den stumpfesten Tastsinn offensichtlich ist.

It is therefore not necessary, as a rule, to do more than feel a single angle of an individual;

5.5

Es ist daher in der Regel nicht nötig, mehr zu tun, als einen einzigen Winkel eines Individuums zu ertasten;

and this, once ascertained, tells us the class of the person whom we are addressing, unless indeed he belongs to the higher sections of the nobility.

5.6

und dieser, einmal festgestellt, verrät uns die Klasse der Person, an die wir uns wenden, es sei denn, sie gehört tatsächlich zu den höheren Schichten des Adels.

5.7 There the difficulty is much greater.

Dort ist die Schwierigkeit viel größer.

5.8 Even a Master of Arts in our University of Wentbridge has been known to confuse a ten-sided with a twelve-sided Polygon;

Sogar ein Magister der Künste an unserer Universität von Wentbridge ist dafür bekannt, ein zehnseitiges mit einem zwölfeckigen Polygon zu verwechseln;

5.9 and there is hardly a Doctor of Science in or out of that famous University who could pretend to decide promptly and unhesitatingly between a twenty-sided and a twenty-four sided member of the Aristocracy.

und es gibt kaum einen Doktor der Wissenschaften an dieser berühmten Universität, der so tun könnte, als ob er sofort und ohne zu zögern zwischen einem zwanzigseitigen und einem vierundzwanzigseitigen Mitglied der Aristokratie entscheiden könnte.

6.1 Those of my readers who recall the extracts I gave above from the Legislative code concerning Women, will readily perceive that the process of introduction by contact requires some care and discretion.

Diejenigen unter meinen Lesern, die sich an die Auszüge erinnern, die ich oben aus dem Gesetzbuch für Frauen gegeben habe, werden leicht erkennen, dass der Prozess der Einführung durch Kontakt eine gewisse Sorgfalt und Diskretion erfordert.

6.2 Otherwise the angles might inflict on the unwary Feeling irreparable injury.

Andernfalls könnten die Winkel dem unvorsichtigen Fühlen irreparable Verletzungen zufügen.

It is essential for the safety of the Feeler that the Felt should stand perfectly still. 6.3

Für die Sicherheit des Fühlenden ist es unerlässlich, dass der Filz vollkommen still steht.

A start, a fidgety shifting of the position, yes, even a violent sneeze, has been known before now to prove fatal to the incautious, and to nip in the bud many a promising friendship. 6.4

Ein Aufschrecken, ein unruhiges Verrücken der Position, ja sogar ein heftiges Niesen hat sich schon als tödlich für den Unvorsichtigen erwiesen und so manche vielversprechende Freundschaft im Keim erstickt.

Especially is this true among the lower classes of the Triangles. 6.5

Das gilt besonders für die unteren Klassen der Dreiecke.

With them, the eye is situated so far from their vertex that they can scarcely take cognizance of what goes on at that extremity of their frame. 6.6

Bei ihnen befindet sich das Auge so weit vom Scheitelpunkt entfernt, dass sie kaum wahrnehmen können, was an diesem Ende ihres Körpers vor sich geht.

They are, moreover, of a rough coarse nature, not sensitive to the delicate touch of the highly organized Polygon. 6.7

Außerdem sind sie von rauer, grober Natur und nicht empfindlich für die zarte Berührung des hoch organisierten Vielecks.

What wonder then if an involuntary toss of the head has ere now deprived the State of a valuable life! 6.8

Welches Wunder also, wenn ein unwillkürliches Werfen des Kopfes den Staat schon einmal eines wertvollen Lebens beraubt hat!

7.1 I have heard that my excellent Grandfather — one of the least irregular of his unhappy Isosceles class, who indeed obtained, shortly before his decease, four out of seven votes from the Sanitary and Social Board for passing him into the class of the Equal-sided — often deplored, with a tear in his venerable eye, a miscarriage of this kind, which had occurred to his great-great-great-Grandfather, a respectable Working Man with an angle or brain of 59° 30'.

Ich habe gehört, dass mein vortrefflicher Großvater - einer der am wenigsten unregelmäßigen seiner unglücklichen gleichschenkligen Klasse, der tatsächlich kurz vor seinem Ableben vier von sieben Stimmen von der Sanitäts - und Sozialbehörde erhielt, um ihn in die Klasse der Gleichseitigen aufzunehmen - oft mit einer Träne in seinem ehrwürdigen Auge eine Fehlgeburt dieser Art beklagte, die seinem Ur-Ur-Ur-Großvater widerfahren war, einem respektablen Arbeiter mit einem Winkel oder Gehirn von 59° 30'.

According to his account, my unfortunately Ancestor, 7.2
being afflicted with rheumatism, and in the act
of being felt by a Polygon, by one sudden start
accidentally transfixed the Great Man through the
diagonal and thereby, partly in consequence of his
long imprisonment and degradation, and partly
because of the moral shock which pervaded the
whole of my Ancestor's relations, threw back our
family a degree and a half in their ascent towards
better things.

Nach seiner Schilderung hatte mein unglücklicher
Vorfahr, der an Rheuma litt und gerade von einem
Polygon gefühlt wurde, durch einen plötzlichen Ruck
den Großen Mann durch die Diagonale durchbohrt und
dadurch, teils als Folge seiner langen Gefangenschaft und
Erniedrigung, teils wegen des moralischen Schocks, der
die gesamte Verwandtschaft meines Vorfahren durchdrang,
unsere Familie in ihrem Aufstieg zu besseren Dingen um
anderthalb Stufen zurückgeworfen.

The result was that in the next generation the family 7.3
brain was registered at only 58°, and not till the lapse
of five generations was the lost ground recovered, the
full 60° attained, and the Ascent from the Isosceles
finally achieved.

Das Ergebnis war, dass das Familiengehirn in der nächsten
Generation nur noch auf 58° registriert wurde, und
erst nach dem Ablauf von fünf Generationen wurde
der verlorene Boden wiedergewonnen, die vollen 60°
erreicht und der Aufstieg vom Gleichschenkel schließlich
vollzogen.

And all this series of calamities from one little 7.4
accident in the process of Feeling.

Und diese ganze Serie von Unglücksfällen ist auf einen
kleinen Unfall im Prozess des Fühlens zurückzuführen.

8.1 At this point I think I hear some of my better educated readers exclaim,

An diesem Punkt glaube ich einige meiner besser gebildeten Leser ausrufen zu hören:

8.2 "How could you in Flatland know anything about angles and degrees, or minutes?

"Wie könnt ihr in Flatland etwas über Winkel und Grad oder Minuten wissen?

8.3 We see an angle, because we, in the region of Space, can see two straight lines inclined to one another;

Wir sehen einen Winkel, weil wir in der Region des Raumes zwei zueinander geneigte gerade Linien sehen können;

8.4 but you, who can see nothing but on straight line at a time, or at all events only a number of bits of straight lines all in one straight line, -

aber ihr, die ihr nichts anderes als eine gerade Linie auf einmal sehen könnt, oder auf jeden Fall nur eine Anzahl von Teilen von geraden Linien, die alle in einer geraden Linie liegen, -

8.5 how can you ever discern an angle,

wie könnt ihr jemals einen Winkel erkennen,

8.6 and much less register angles of different sizes?"

und noch viel weniger Winkel unterschiedlicher Größe registrieren?"

9.1 I answer that though we cannot see angles, we can infer them, and this with great precision.

Ich antworte, dass wir Winkel zwar nicht sehen können, aber wir können sie ableiten, und zwar mit großer Präzision.

Our sense of touch, stimulated by necessity, and developed by long training, enables us to distinguish angles far more accurately than your sense of sight, when unaided by a rule or measure of angles.

9.2

Unser Tastsinn, der durch die Notwendigkeit stimuliert und durch langes Training entwickelt wurde, ermöglicht es uns, Winkel viel genauer zu unterscheiden als Ihr Sehsinn, wenn er nicht durch eine Regel oder ein Maß für Winkel unterstützt wird.

Nor must I omit to explain that we have great natural helps.

9.3

Ich darf auch nicht versäumen zu erklären, dass wir große natürliche Hilfen haben.

It is with us a Law of Nature that the brain of the Isosceles class shall begin at half a degree, or thirty minutes, and shall increase (if it increases at all) by half a degree in every generation until the goal of 60° is reached, when the condition of serfdom is quitted, and the freeman enters the class of Regulars.

9.4

Es ist bei uns ein Naturgesetz, dass das Gehirn der gleichschenkligen Klasse bei einem halben Grad oder dreißig Minuten beginnt und in jeder Generation um einen halben Grad zunimmt (wenn es überhaupt zunimmt), bis das Ziel von 60° erreicht ist, wenn der Zustand der Leibeigenschaft aufgegeben wird und der freie Mann in die Klasse der Regulären eintritt.

Consequently, Nature herself supplies us with an ascending scale or Alphabet of angles for half a degree up to 60°, Specimen of which are placed in every Elementary School throughout the land.

10.1

Folglich liefert uns die Natur selbst eine aufsteigende Skala oder ein Alphabet der Winkel von einem halben Grad bis zu 60°, von denen in jeder Grundschule im ganzen Lande Exemplare angebracht sind.

10.2 Owing to occasional retrogressions, to still more frequent moral and intellectual stagnation, and to the extraordinary fecundity of the Criminal and Vagabond classes, there is always a vast superfluity of individuals of the half degree and single degree class, and a fair abundance of Specimens up to 10°.

Wegen gelegentlicher Rückschritte, wegen noch häufigerer moralischer und intellektueller Stagnation und wegen der außerordentlichen Fruchtbarkeit der kriminellen und vagabundierenden Klassen gibt es immer einen gewaltigen Überschuss an Individuen der Klasse des halben Grades und des einfachen Grades und eine ziemliche Fülle von Exemplaren bis zu 10°.

10.3 These are absolutely destitute of civil rights; and a great number of them, not having even intelligence enough for the purposes of warfare, are devoted by the States to the service of education.

Diese haben keinerlei bürgerliche Rechte, und eine große Anzahl von ihnen, die nicht einmal über die nötige Intelligenz für die Kriegsführung verfügen, werden von den Staaten in den Dienst der Erziehung gestellt.

10.4 Fettered immovably so as to remove all possibility of danger, they are placed in the classrooms of our Infant Schools, and there they are utilized by the Board of Education for the purpose of imparting to the offspring of the Middle Classes the tact and intelligence which these wretched creatures themselves are utterly devoid.

Unbeweglich gefesselt, um jede Gefahr auszuschalten, werden sie in den Klassenzimmern unserer Kleinkinderschulen untergebracht, und dort werden sie von der Erziehungsbehörde zu dem Zweck eingesetzt, dem Nachwuchs der Mittelschichten das Taktgefühl und die Intelligenz zu vermitteln, die diesen erbärmlichen Kreaturen selbst völlig abgehen.

In some States the Specimens are occasionally fed and suffered to exist for several years; 11.1

In einigen Staaten werden die Exemplare gelegentlich gefüttert und mehrere Jahre lang existieren gelassen;

but in the more temperate and better regulated regions, it is found in the long run more advantageous for the educational interests of the young, to dispense with food, and to renew the Specimens every month - 11.2

aber in den gemäßigteren und besser regulierten Regionen wird es auf lange Sicht als vorteilhafter für die Bildungsinteressen der Jugend angesehen, auf Nahrung zu verzichten und die Exemplare jeden Monat zu erneuern -

which is about the average duration of the foodless existence of the Criminal class. 11.3

was ungefähr der durchschnittlichen Dauer der nahrungslosen Existenz der Strafklasse entspricht.

In the cheaper schools, what is gained by the longer existence of the Specimen is lost, partly in the expenditure for food, and partly in the diminished accuracy of the angles, which are impaired after a few weeks of constant "feeling." 11.4

In den billigeren Schulen geht das, was durch die längere Existenz der Exemplare gewonnen wird, verloren, teils durch die Ausgaben für Lebensmittel, teils durch die verminderte Genauigkeit der Winkel, die nach einigen Wochen des ständigen "Fühlens" beeinträchtigt wird."

11.5 Nor must we forget to add, in enumerating the advantages of the more expensive system, that it tends, though slightly yet perceptibly, to the diminution of the redundant Isosceles population -

Wir dürfen auch nicht vergessen, bei der Aufzählung der Vorteile des teureren Systems hinzuzufügen, dass es, wenn auch geringfügig, so doch spürbar, zur Verringerung der überflüssigen gleichschenkligen Bevölkerung beiträgt -

11.6 an object which every statesman in Flatland constantly keeps in view.

ein Ziel, das jeder Staatsmann im Flachland ständig im Auge behält.

11.7 On the whole therefore -

Im Großen und Ganzen -

11.8 although I am not ignorant that, in many popularly elected School Boards, there is a reaction in favour of

obwohl ich nicht weiß, dass es in vielen vom Volk gewählten Schulräten eine Reaktion zugunsten des

11.9 "the cheap system" as it is called -

"billigen Systems," wie es genannt wird, gibt -

11.10 I am myself disposed to think that this is one of the many cases in which expense is the truest economy.

bin ich selbst geneigt zu glauben, dass dies einer der vielen Fälle ist, in denen Kosten die wahrhaftigste Einsparung sind.

12.1 But I must not allow questions of School Board politics to divert me from my subject.

Aber ich darf nicht zulassen, dass Fragen der Schulpolitik mich von meinem Thema ablenken.

Enough has been said, I trust, to shew that   12.2
Recognition by Feeling is not so tedious or indecisive
a process as might have been supposed; and it is
obviously more trustworthy than Recognition by
hearing.

Ich hoffe, es wurde genug gesagt, um zu zeigen, dass die
Anerkennung durch Fühlen nicht so langwierig und
unentschlossen ist, wie man annehmen könnte, und
dass sie offensichtlich vertrauenswürdiger ist als die
Anerkennung durch Hören.

Still there remains, as has been pointed out above,   12.3
the objection that this method is not without danger.

Dennoch bleibt, wie oben dargelegt, der Einwand, dass
diese Methode nicht ungefährlich ist.

For this reason many in the Middle and Lower   12.4
classes, and all without exception in the Polygonal
and Circular orders, prefer a third method, the
description of which shall be reserved for the next
section.

Aus diesem Grund bevorzugen viele in den mittleren und
unteren Klassen, und ausnahmslos alle in den polygonalen
und zirkulären Ordnungen, eine dritte Methode, deren
Beschreibung dem nächsten Abschnitt vorbehalten sein
soll.

§ 6 Of Recognition by Sight

§ 6 Vom Erkennen durch Sehen

1.1 I am about to appear very inconsistent.

Ich bin im Begriff, sehr inkonsequent zu erscheinen.

1.2 In the previous sections I have said that all figures in Flatland present the appearance of a straight line;

In den vorhergehenden Abschnitten habe ich gesagt, dass alle Figuren in Flachland das Aussehen einer geraden Linie haben;

1.3 and it was added or implied, that it is consequently impossible to distinguish by the visual organ between individuals of different classes:

und es wurde hinzugefügt oder angedeutet, dass es folglich unmöglich ist, durch das Sehorgan zwischen Individuen verschiedener Klassen zu unterscheiden:

1.4 yet now I am about to explain to my Spaceland critics how we are able to recognize one another by the sense of sight.

doch jetzt bin ich dabei, meinen Kritikern in Spaceland zu erklären, wie wir in der Lage sind, uns gegenseitig durch den Sehsinn zu erkennen.

If however the Reader will take the trouble to refer to the passage in which Recognition by Feeling is stated to be universal, he will find this qualification - 2.1

Wenn der Leser sich jedoch die Mühe macht, die Passage zu lesen, in der das Erkennen durch Fühlen als allgemein verbreitet bezeichnet wird, wird er diese Einschränkung finden -

"among the lower classes." 2.2

"in den unteren Klassen."

It is only among the higher classes and in our more temperate climates that Sight Recognition is practised. 2.3

Nur in den höheren Klassen und in unseren gemäßigteren Klimazonen wird das Erkennen durch Sehen praktiziert.

That this power exists in any regions and for any classes is the result of Fog; which prevails during the greater part of the year in all parts save the torrid zones. 3.1

Dass diese Kraft in allen Regionen und für alle Klassen existiert, ist das Ergebnis des Nebels, der während des größten Teils des Jahres in allen Teilen mit Ausnahme der feurigen Zonen herrscht.

That which is with you in Spaceland an unmixed evil, blotting out the landscape, depressing the spirits, and enfeebling the health, is by us recognized as a blessing scarcely inferior to air itself, and as the Nurse of arts and Parent of sciences. 3.2

Das, was bei euch im Weltraumlande ein ungemischtes Übel ist, das die Landschaft verunstaltet, die Geister niederdrückt und die Gesundheit schwächt, wird von uns als ein Segen anerkannt, der der Luft selbst kaum nachsteht, und als die Schwester der Künste und die Mutter der Wissenschaften.

70

3.3 But let me explain my meaning, without further
eulogies on this beneficent Element.
Aber lassen Sie mich erklären, was ich meine, ohne weitere
Lobreden auf dieses segensreiche Element.

4.1 If Fog were non-existent,
Wenn es keinen Nebel gäbe,

4.2 all lines would appear equally and indistinguishably
clear;
würden alle Linien gleich klar und ununterscheidbar
erscheinen;

4.3 and this is actually the case in those unhappy
countries in which the atmosphere is perfectly dry
and transparent.
und das ist tatsächlich der Fall in jenen unglücklichen
Ländern, in denen die Atmosphäre vollkommen trocken
und transparent ist.

4.4 But wherever there is a rich supply of Fog, objects
that are at a distance, say of three feet, are
appreciably dimmer than those at the distance of
two feet eleven inches;
Aber überall dort, wo es reichlich Nebel gibt, sind
Gegenstände, die sich in einer Entfernung von, sagen wir,
drei Fuß befinden, merklich dunkler als solche, die sich in
einer Entfernung von zwei Fuß und elf Zoll befinden;

71

and the result is that by careful and constant 4.5
experimental observation of comparative dimness
and clearness, we are enabled to infer with great
exactness the configuration of the object observed.
und das Ergebnis ist, dass wir durch sorgfältige und
ständige experimentelle Beobachtung der vergleichenden
Dunkelheit und Klarheit in der Lage sind, mit großer
Genauigkeit auf die Konfiguration des beobachteten
Objekts zu schließen.

An instance will do more than a volume of 5.1
generalities to make my meaning clear.
Ein Beispiel wird mehr als eine Reihe von Allgemeinplätzen
ausreichen, um zu verdeutlichen, was ich meine.

Suppose I see two individuals approaching whose 6.1
rank I wish to ascertain.
Angenommen, ich sehe zwei Personen auf mich
zukommen, deren Rang ich feststellen möchte.

They are, we will suppose, a Merchant and a 6.2
Physician, or in other words, an Equilateral Triangle
and a Pentagon;
Nehmen wir an, es handelt sich um einen Kaufmann
und einen Arzt, oder anders gesagt, um ein gleichseitiges
Dreieck und ein Fünfeck;

how am I to distinguish them? 6.3
wie soll ich sie unterscheiden?

72

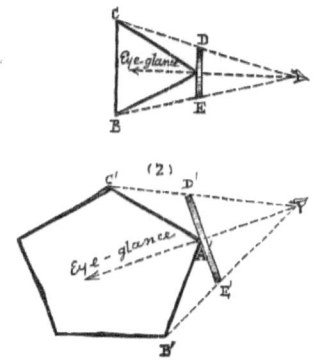

8.1 It will be obvious, to every child in Spaceland who
has touched the threshold of Geometrical Studies,
that, if I can bring my eye so that its glance may
bisect an angle (A) of the approaching stranger,
my view will lie as it were evenly between the two
sides that are next to me (viz. CA and AB), so that I
shall contemplate the two impartially, and both will
appear of the same size.

Jedem Kinde im Weltraumlande, das die Schwelle der
geometrischen Studien berührt hat, wird klar sein, dass,
wenn ich mein Auge so einstellen kann, dass sein Blick
einen Winkel (A) des sich nähernden Fremden halbiert,
mein Blick gleichsam zwischen den beiden Seiten liegt,
die sich neben mir befinden (nämlich CA und AB), so dass
ich beide unparteiisch betrachte und beide gleich groß
erscheinen.

9.1 Now in the case of (1) the Merchant, what shall I see?

Was sehe ich nun im Fall von (1), dem Händler?

73

I shall see a straight line DAE, in which the
middle point (A) will be very bright because it is
nearest to me;

9.2

Ich werde eine gerade Linie DAE sehen, in der der mittlere
Punkt (A) sehr hell sein wird, weil er mir am nächsten ist;

but on either side the line will shade away rapidly
into dimness,

9.3

aber auf beiden Seiten wird die Linie schnell dunkel
werden,

because the sides AC and AB recede rapidly into the
fog;

9.4

weil die Seiten AC und AB sich schnell in den Nebel
zurückziehen;

and what appear to me as the Merchant's extremities,
viz. D and E, will be very dim indeed.

9.5

und was mir als die Enden des Kaufmanns erscheint,
nämlich D und E, wird in der Tat sehr dunkel sein.

On the other hand in the case of (2) the Physician,
though I shall here also see a line (D'A'E') with a
bright centre (A'), yet it will shade away less rapidly
to dimness, because the sides (A'C', A'B') recede less
rapidly into the fog:

10.1

Andererseits werde ich bei (2), dem Arzt, zwar auch hier
eine Linie (D'A'E') mit einem hellen Zentrum (A') sehen,
doch wird sie weniger schnell zur Düsternis abdunkeln,
weil die Seiten (A'C', A'B') weniger schnell in den Nebel
zurückweichen:

74

10.2 and what appear to me the Physician's extremities, viz. D' and E', will not be not so dim as the extremities of the Merchant.

und was mir die Enden des Arztes zu sein scheinen, nämlich D' und E', werden nicht so trübe sein wie die Extremitäten des Kaufmanns.

11.1 The Reader will probably understand from these two instances how -

Der Leser wird wahrscheinlich aus diesen beiden Beispielen verstehen, wie es -

11.2 after a very long training supplemented by constant experience -

nach einer sehr langen Ausbildung, die durch ständige Erfahrung ergänzt wird -

11.3 it is possible for the well-educated classes among us to discriminate with fair accuracy between the middle and lowest orders,

für die gut ausgebildeten Klassen unter uns möglich ist,

11.4 by the sense of sight.

mit ziemlicher Genauigkeit zwischen den mittleren und den niedrigsten Klassen durch den Sehsinn zu unterscheiden.

11.5 If my Spaceland Patrons have grasped this general conception, so far as to conceive the possibility of it and not to reject my account as altogether incredible — I shall have attained all I can reasonably expect.

Wenn meine Gönner in Spaceland diese allgemeine Vorstellung so weit verstanden haben, dass sie die Möglichkeit dazu begreifen und meine Darstellung nicht als völlig unglaubwürdig zurückweisen, habe ich alles erreicht, was ich vernünftigerweise erwarten kann.

Were I to attempt further details I should only perplex.

11.6

Würde ich versuchen, weitere Details zu beschreiben, würde ich nur verwirren.

Yet for the sake of the young and inexperienced, who may perchance infer — from the two simple instances I have given above, of the manner in which I should recognize my Father and my Sons — that Recognition by sight is an easy affair, it may be needful to point out that in actual life most of the problems of Sight Recognition are far more subtle and complex.

11.7

Doch um der jungen und unerfahrenen Menschen willen, die aus den beiden einfachen Beispielen, die ich oben angeführt habe, über die Art und Weise, wie ich meinen Vater und meine Söhne erkennen sollte, vielleicht schließen, dass das Erkennen durch Sehen eine einfache Angelegenheit ist, ist es vielleicht notwendig, darauf hinzuweisen, dass die meisten Probleme des Erkennens durch Sehen im wirklichen Leben weitaus subtiler und komplexer sind.

If for example, when my Father, the Triangle, approaches me, he happens to present his side to me instead of his angle, then, until I have asked him to rotate, or until I have edged my eye around him, I am for the moment doubtful whether he may not be a Straight Line, or, in other words, a Woman.

12.1

Wenn zum Beispiel mein Vater, das Dreieck, sich mir nähert und mir zufällig seine Seite statt seines Winkels präsentiert, dann bin ich, bis ich ihn gebeten habe, sich zu drehen, oder bis ich mein Auge um ihn herumgeleitet habe, für den Moment im Zweifel, ob er nicht vielleicht eine Gerade oder, mit anderen Worten, eine Frau ist.

12.2 Again, when I am in the company of one of my two hexagonal Grandsons, contemplating one of his sides (AB) full front, it will be evident from the accompanying diagram that I shall see one whole line (AB) in comparative brightness (shading off hardly at all at the ends) and two smaller lines (CA and BD) dim throughout and shading away into greater dimness towards the extremities C and D.

Wenn ich mich in der Gesellschaft eines meiner beiden sechseckigen Enkel befinde und eine seiner Seiten (AB) von vorne betrachte, wird aus dem beigefügten Diagramm ersichtlich, dass ich eine ganze Linie (AB) in relativer Helligkeit (die sich an den Enden kaum abschwächt) und zwei kleinere Linien (CA und BD) sehe, die durchweg dunkel sind und sich zu den Enden C und D hin immer mehr abschwächen.

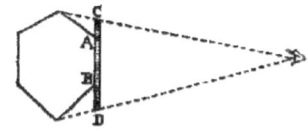

14.1 But I must not give way to the temptation of enlarging on these topics.

Aber ich darf nicht der Versuchung erliegen, diese Themen zu vertiefen.

14.2 The meanest mathematician in Spaceland will readily believe me when I assert that the problems of life, which present themselves to the well- educated -

Der gemeinste Mathematiker im Weltraumland wird mir bereitwillig glauben, wenn ich behaupte, dass die Probleme des Lebens, die sich den Gebildeten stellen -

when they are themselves in motion, rotating,   14.3
advancing or retreating, and at the same time
attempting to discriminate by the sense of sight
between a number of Polygons of high rank moving
in different directions, as for example in a ball-room
or conversazione -

wenn sie selbst in Bewegung sind, sich drehen, sich
vorwärts oder zurückziehen und gleichzeitig versuchen,
mit dem Sehsinn zwischen einer Anzahl von Polygonen von
hohem Rang zu unterscheiden, die sich in verschiedene
Richtungen bewegen, wie z.B. in einem Ballsaal oder in
einer Konversation -

must be of a nature to task the angularity of the most   14.4
intellectual, and amply justify the rich endowments
of the Learned Professors of Geometry, both
Static and Kinetic, in the illustrious University of
Wentbridge, where the Science and Art of Sight
Recognition are regularly taught to large classes of
the élite of the States.

muss so beschaffen sein, dass es den Scharfsinn der
Intellektuellsten herausfordert und die reiche Ausstattung
der gelehrten Professoren der Geometrie, sowohl der
statischen als auch der kinetischen, an der berühmten
Universität von Wentbridge rechtfertigt, wo die
Wissenschaft und die Kunst der Seherkennung regelmäßig
großen Klassen der Elite der Staaten gelehrt wird.

It is only a few of the scions of our noblest and   15.1
wealthiest houses, who are able to give the time
and money necessary for the thorough prosecution of
this noble and valuable Art.

Nur wenige Nachkommen unserer edelsten und
reichsten Häuser sind in der Lage, die Zeit und das Geld
aufzubringen, die für die gründliche Ausübung dieser
edlen und wertvollen Kunst notwendig sind.

15.2 Even to me, a Mathematician of no mean standing, and the Grandfather of two most hopeful and perfectly regular Hexagons, to find myself in the midst of a crowd of rotating Polygons of the higher classes, is occasionally very perplexing.

Selbst für mich, einen Mathematiker von nicht geringem Ansehen und den Großvater zweier hoffnungsvoller und vollkommen regelmäßiger Sechsecke, ist es zuweilen sehr verwirrend, mich inmitten einer Menge rotierender Polygone der höheren Klassen wiederzufinden.

15.3 And of course to a common Tradesman, or Serf, such a sight is almost as unintelligible as it would be to you, my Reader, were you suddenly transported to my country.

Und natürlich ist ein solcher Anblick für einen gewöhnlichen Gewerbetreibenden oder Leibeigenen fast ebenso unverständlich, wie er es für Sie, mein Leser, wäre, wenn Sie plötzlich in mein Land versetzt würden.

16.1 In such a crowd you could see on all sides of you nothing but a Line, apparently straight, but of which the parts would vary irregularly and perpetually in brightness or dimness.

In einer solchen Menge könnte man auf allen Seiten nichts anderes als eine Linie sehen, die scheinbar gerade ist, deren Teile aber unregelmäßig und ständig in Helligkeit oder Dunkelheit variieren würden.

Even if you had completed your third year in the   16.2
Pentagonal and Hexagonal classes in the University,
and were perfect in the theory of the subject, you
would still find there was need of many years of
experience, before you could move in a fashionable
crowd without jostling against your betters, whom it
is against etiquette to ask to,

Selbst wenn Sie Ihr drittes Jahr in den Fünfeck - und
Sechseck-Kursen der Universität absolviert hätten und
in der Theorie des Faches perfekt wären, würden Sie immer
noch feststellen, dass es vieler Jahre Erfahrung bedürfte,
bevor Sie sich in einer modischen Menschenmenge
bewegen könnten, ohne sich mit Ihren Vorgesetzten
anzurempeln, die es gegen die Etikette verstößt, Sie zu
bitten,

"feel,"   16.3

"zu fühlen,"

and who, by their superior culture and breeding,   16.4
know all about your movements, while you know
very little or nothing about theirs.

und die durch ihre überlegene Kultur und Erziehung alles
über Ihre Bewegungen wissen, während Sie nur sehr wenig
oder gar nichts über die ihren wissen.

In a word, to comport oneself with perfect propriety   16.5
in Polygonal society, one ought to be a Polygon
oneself.

Mit einem Wort, um sich in der polygonalen Gesellschaft
mit perfektem Anstand zu benehmen, sollte man selbst ein
Polygon sein.

Such at least is the painful teaching of my experience.   16.6

Das ist zumindest die schmerzliche Lehre meiner
Erfahrung.

17.1 It is astonishing how much the Art -

Es ist erstaunlich, wie sehr sich die Kunst -

17.2 or I may almost call it instinct -

ich würde sie fast als Instinkt bezeichnen -

17.3 of Sight Recognition is developed by the habitual practice of it and by the avoidance of the custom of "Feeling."

des Erkennens durch gewohnheitsmäßiges Üben und durch das Vermeiden der Gewohnheit des "Fühlens" entwickelt."

17.4 Just as, with you, the deaf and dumb, if once allowed to gesticulate and to use the hand-alphabet, will never acquire the more difficult but far more valuable art of lip-speech and lip-reading, so it is with us as regards "Seeing" and "Feeling."

So wie Taubstumme, wenn man ihnen einmal erlaubt hat, zu gestikulieren und das Handalphabet zu benutzen, niemals die schwierigere, aber weitaus wertvollere Kunst der Lippensprache und des Lippenlesens erwerben werden, so verhält es sich bei uns mit dem "Sehen" und "Fühlen."

17.5 None who in early life resort to "Feeling" will ever learn "Seeing" in perfection.

Keiner, der im frühen Leben auf das "Fühlen" zurückgreift, wird jemals das "Sehen" in Vollkommenheit erlernen.

18.1 For this reason, among our Higher Classes, "Feeling"

Aus diesem Grund wird in unseren höheren Klassen vom "Fühlen"

18.2 is discouraged or absolutely forbidden.

abgeraten oder es ist absolut verboten.

From the cradle their children, instead of going
to the Public Elementary schools (where the art of
Feeling is taught,) are sent to higher Seminaries of an
exclusive character;

18.3

Von der Wiege an werden ihre Kinder, anstatt in die
öffentlichen Grundschulen zu gehen (wo die Kunst des
Fühlens gelehrt wird), in höhere Seminare mit exklusivem
Charakter geschickt;

and at our illustrious University, to "feel"

18.4

und an unserer berühmten Universität wird "Fühlen"

is regarded as a most serious fault, involving
Rustication for the first offence, and Expulsion for
the second.

18.5

als ein sehr ernster Fehler angesehen, der beim ersten
Vergehen Rustizierung und beim zweiten den Ausschluss
nach sich zieht.

But among the lower classes the art of Sight
Recognition is regarded as an unattainable luxury.

19.1

Aber in den unteren Klassen gilt die Kunst des Erkennens
als ein unerreichbarer Luxus.

A common Tradesman cannot afford to let his son
spend a third of his life in abstract studies.

19.2

Ein einfacher Handwerker kann es sich nicht leisten, dass
sein Sohn ein Drittel seines Lebens mit abstrakten Studien
verbringt.

The children of the poor are therefore allowed to

19.3

Die Kinder der Armen dürfen daher von frühester
Jugend an

"feel"

19.4

"fühlen,"

19.5 from their earliest years, and they gain thereby a
precocity and an early vivacity which contrast at first
most favourably with the inert, undeveloped, and
listless behaviour of the half-instructed youths of the
Polygonal class;

und sie erlangen dadurch eine Frühreife und eine frühe
Lebhaftigkeit, die sich zunächst wohltuend von dem
trägen, unentwickelten und lustlosen Verhalten der
halbgebildeten Jugendlichen der polygonalen Klasse
abheben;

19.6 but when the latter have at last completed their
University course, and are prepared to put their
theory into practice, the change that comes over
them may almost be described as a new birth, and
in every art, science, and social pursuit they rapidly
overtake and distance their Triangular competitors.

aber wenn letztere endlich ihr Universitätsstudium
abgeschlossen haben und bereit sind, ihre Theorie in die
Praxis umzusetzen, kann die Veränderung, die über sie
kommt, fast als eine Neugeburt bezeichnet werden, und
in jeder Kunst, Wissenschaft und sozialen Betätigung
überholen sie schnell ihre dreieckigen Konkurrenten und
distanzieren sich von ihnen.

20.1 Only a few of the Polygonal Class fail to pass the Final
Test or Leaving Examination at the University.

Nur wenige aus der Polygonal-Klasse bestehen die
Abschlussprüfung oder das Abschlussexamen an der
Universität nicht.

20.2 The condition of the unsuccessful minority is truly
pitiable.

Die Situation der erfolglosen Minderheit ist wirklich
bedauernswert.

20.3 Rejected from the higher class,

Von der höheren Klasse abgelehnt,

they are also despised by the lower.

20.4

werden sie auch von der niedrigeren verachtet.

They have neither the matured and systematically trained powers of the Polygonal Bachelors and Masters of Arts,

20.5

Sie haben weder die ausgereiften und systematisch geschulten Fähigkeiten der Polygonal-Bachelor und - Master of Arts,

nor yet the native precocity and mercurial versatility of the youthful Tradesman.

20.6

noch die angeborene Frühreife und sprunghafte Vielseitigkeit des jugendlichen Handwerkers.

The professions, the public services, are closed against them, and though in most States they are not actually debarred from marriage, yet they have the greatest difficulty in forming suitable alliances, as experience shews that the offspring of such unfortunate and ill-endowed parents is generally itself unfortunate, if not positively Irregular.

20.7

Die Berufe und der öffentliche Dienst sind ihnen verschlossen, und obwohl sie in den meisten Staaten nicht wirklich von der Heirat ausgeschlossen sind, haben sie doch die größten Schwierigkeiten, geeignete Bündnisse zu schließen, da die Erfahrung zeigt, dass die Nachkommen solcher unglücklichen und schlecht ausgestatteten Eltern im Allgemeinen selbst unglücklich, wenn nicht sogar regelwidrig sind.

It is from these specimens of the refuse of our Nobility that the great Tumults and Seditions of past ages have generally derived their leaders;

21.1

Von diesen Exemplaren des Abfalls unseres Adels haben die großen Tumulte und Aufstände vergangener Zeitalter im Allgemeinen ihre Anführer abgeleitet;

21.2 and so great is the mischief thence arising that
an increasing minority of our more progressive
Statesmen are of opinion that true mercy would
dictate their entire suppression, by enacting that
all who fail to pass the Final Examination of the
University should be either imprisoned for life, or
extinguished by a painless death.

und das daraus entstehende Unheil ist so groß, dass
eine wachsende Minderheit unserer fortschrittlicheren
Staatsmänner der Meinung ist, dass wahre Barmherzigkeit
ihre vollständige Unterdrückung diktieren würde,
indem man erlässt, dass alle, die die Abschlussprüfung
der Universität nicht bestehen, entweder lebenslang
eingesperrt oder durch einen schmerzlosen Tod
ausgelöscht werden sollten.

22.1 But I find myself digressing into the subject of
Irregularities, a matter of such vital interest that
it demands a separate section.

Aber ich schweife ab zum Thema "Unregelmäßigkeiten,"
das so wichtig ist, dass es einen eigenen Abschnitt
erfordert.

§ 7 Concerning Irregular Figures

§ 7 Über unregelmäßige Figuren

1.1 Throughout the previous pages I have been assuming -

Während der ganzen vorangegangenen Seiten bin ich von der Annahme ausgegangen -

1.2 what perhaps should have been laid down at the beginning as a distinct and fundamental proposition -

die vielleicht zu Beginn als eindeutige und grundlegende These hätte aufgestellt werden sollen -

1.3 that every human being in Flatland is a Regular Figure,

dass jeder Mensch im Flachland eine regelmäßige Figur ist,

1.4 that is to say of regular construction.

d.h. von regelmäßigem Aufbau.

1.5 By this I mean that a Woman must not only be a line, but a straight line;

Damit meine ich, dass eine Frau nicht nur eine Linie sein muss, sondern eine gerade Linie;

that an Artisan or Soldier must have two of his sides equal;

1.6

dass ein Handwerker oder Soldat zwei gleiche Seiten haben muss;

that Tradesmen must have three sides equal;

1.7

dass Kaufleute drei gleiche Seiten haben müssen;

Lawyers (of which class I am a humble member), four sides equal, and, generally, that in every Polygon, all the sides must be equal.

1.8

Juristen (zu denen ich in bescheidenem Maße gehöre), vier gleiche Seiten, und ganz allgemein, dass in jedem Vieleck alle Seiten gleich sein müssen.

The sizes of the sides would of course depend upon the age of the individual.

2.1

Die Größe der Seiten würde natürlich vom Alter des Individuums abhängen.

A Female at birth would be about an inch long,

2.2

Ein Weibchen ist bei der Geburt etwa einen Zoll lang,

while a tall adult Woman might extend to a foot.

2.3

während eine große erwachsene Frau bis zu einem Fuß lang sein kann.

As to the Males of every class, it may be roughly said that the length of an adult's size, when added together, is two feet or a little more.

2.4

Was die männlichen Tiere jeder Klasse betrifft, so kann man grob sagen, dass die Länge eines Erwachsenen, wenn man sie zusammenzählt, zwei Fuß oder ein wenig mehr beträgt.

2.5 But the size of our sides is not under consideration.

Aber die Größe unserer Seiten ist nicht Gegenstand der Betrachtung.

2.6 I am speaking of the equality of sides, and it does not need much reflection to see that the whole of the social life in Flatland rests upon the fundamental fact that Nature wills all Figures to have their sides equal.

Ich spreche von der Gleichheit der Seiten, und es bedarf keiner großen Überlegung, um zu erkennen, dass das gesamte soziale Leben in Flatland auf der grundlegenden Tatsache beruht, dass die Natur will, dass alle Figuren die gleichen Seiten haben.

3.1 If our sides were unequal our angles might be unequal.

Wenn unsere Seiten ungleich wären, könnten auch unsere Winkel ungleich sein.

3.2 Instead of its being sufficient to feel, or estimate by sight, a single angle in order to determine the form of an individual, it would be necessary to ascertain each angle by the experiment of Feeling.

Anstatt einen einzigen Winkel zu ertasten oder zu schätzen, um die Form eines Individuums zu bestimmen, wäre es notwendig, jeden Winkel durch das Experiment des Fühlens zu ermitteln.

3.3 But life would be too short for such a tedious groping.

Aber das Leben wäre zu kurz für solch ein mühsames Herumtasten.

3.4 The whole science and art of Sight Recognition would at once perish;

Die ganze Wissenschaft und Kunst des Sehens und Erkennens würde sofort untergehen;

Feeling, so far as it is an art, would not long survive; 3.5
das Fühlen, soweit es eine Kunst ist, würde nicht lange
überleben;

intercourse would become perilous or impossible; 3.6
der Verkehr würde gefährlich oder unmöglich werden;

there would be an end to all confidence, all 3.7
forethought;
es gäbe ein Ende allen Vertrauens, aller Voraussicht;

no one would be safe in making the most simple 3.8
social arrangements;
niemand wäre sicher, wenn er die einfachsten sozialen
Vereinbarungen träfe;

in a word, 3.9
mit einem Wort,

civilization might relapse into barbarism. 3.10
die Zivilisation könnte in Barbarei zurückfallen.

Am I going too fast to carry my Readers with me to 4.1
these obvious conclusions?
Bin ich zu schnell, um meine Leser zu diesen
offensichtlichen Schlussfolgerungen mitzunehmen?

Surely a moment's reflection, and a single instance 4.2
from common life, must convince every one that our
social system is based upon Regularity, or Equality of
Angles.
Ein Augenblick des Nachdenkens und ein einziges
Beispiel aus dem alltäglichen Leben muss doch jeden
davon überzeugen, dass unser Gesellschaftssystem auf
Regelmäßigkeit oder Gleichheit der Winkel beruht.

4.3 You meet, for example, two or three Tradesmen
in the street, whom your recognize at once to be
Tradesman by a glance at their angles and rapidly
bedimmed sides, and you ask them to step into your
house to lunch.

Sie treffen zum Beispiel zwei oder drei Handwerker auf
der Straße, die Sie durch einen Blick auf ihre Winkel
und ihre schnell bedeckten Seiten sofort als Handwerker
erkennen, und Sie bitten sie, zum Mittagessen in Ihr Haus
zu kommen.

4.4 This you do at present with perfect confidence,
because everyone knows to an inch or two the
area occupied by an adult Triangle: but imagine
that your Tradesman drags behind his regular and
respectable vertex, a parallelogram of twelve or
thirteen inches in diagonal: — what are you to do
with such a monster sticking fast in your house door?

Das tun Sie jetzt mit vollkommenem Vertrauen, denn jeder
kennt die Fläche, die ein erwachsenes Dreieck einnimmt,
auf ein oder zwei Zentimeter genau; aber stellen Sie sich
vor, dass Ihr Handwerker hinter seinem regelmäßigen und
respektablen Scheitelpunkt ein Parallelogramm von zwölf
oder dreizehn Zentimetern Diagonale hinter sich herzieht:
was sollen Sie mit einem solchen Ungetüm anfangen, das in
Ihrer Haustür festsitzt?

5.1 But I am insulting the intelligence of my Readers
by accumulating details which must be patent to
everyone who enjoys the advantages of a Residence in
Spaceland.

Aber ich beleidige die Intelligenz meiner Leser, indem
ich Details anführe, die jedem, der die Vorteile eines
Aufenthalts im Raumland genießt, klar sein müssen.

Obviously the measurements of a single angle would no longer be sufficient under such portentous circumstances;   5.2
Es liegt auf der Hand, dass die Messung eines einzigen Winkels unter solch unheilvollen Umständen nicht mehr ausreichen würde;

one's whole life would be taken up in feeling or surveying the perimeter of one's acquaintances.   5.3
man würde sein ganzes Leben damit verbringen, den Umkreis seiner Bekannten zu erfühlen oder zu vermessen.

Already the difficulties of avoiding a collision in a crowd are enough to tax the sagacity of even a well-educated Square;   5.4
Schon die Schwierigkeiten, einen Zusammenstoß in einer Menschenmenge zu vermeiden, reichen aus, um den Scharfsinn selbst eines gebildeten Spießers zu strapazieren;

but if no one could calculate the Regularity of a single figure in the company, all would be chaos and confusion, and the slightest panic would cause serious injuries, or -   5.5
aber wenn niemand die Regelmäßigkeit einer einzigen Figur in der Gesellschaft berechnen könnte, wäre alles Chaos und Verwirrung, und die geringste Panik würde zu schweren Verletzungen oder -

if there happened to be any Women or Soldiers present -   5.6
wenn zufällig Frauen oder Soldaten anwesend wären -

perhaps considerable loss of life.   5.7
vielleicht zu einem beträchtlichen Verlust an Leben führen.

6.1 Expediency therefore concurs with Nature in stamping the seal of its approval upon Regularity of conformation: nor has the Law been backward in seconding their efforts.

Die Zweckmäßigkeit stimmt also mit der Natur überein, indem sie der Regelmäßigkeit der Gestalt das Siegel ihrer Billigung aufdrückt; und auch das Gesetz hat sich nicht zurückgehalten, ihre Bemühungen zu unterstützen.

6.2 "Irregularity of Figure"

"Unregelmäßigkeit der Gestalt"

6.3 means with us the same as, or more than, a combination of moral obliquity and criminality with you, and is treated accordingly.

bedeutet bei uns dasselbe oder mehr als eine Kombination von moralischer Schieflage und Kriminalität bei Ihnen, und wird dementsprechend behandelt.

6.4 There are not wanting, it is true, some promulgators of paradoxes who maintain that there is no necessary connection between geometrical and moral Irregularity.

Es fehlt freilich nicht an einigen Verkündern von Paradoxien, die behaupten, dass zwischen geometrischer und moralischer Unregelmäßigkeit kein notwendiger Zusammenhang bestehe.

6.5 "The Irregular," they say,

"Der Irreguläre," sagen sie,

"is from his birth scouted by his own parents, derided by his brothers and sisters, neglected by the domestics, scorned and suspected by society, and excluded from all posts of responsibility, trust, and useful activity.

6.6

"wird von seiner Geburt an von seinen eigenen Eltern verspottet, von seinen Brüdern und Schwestern verhöhnt, von den Hausangestellten vernachlässigt, von der Gesellschaft verachtet und verdächtigt und von allen verantwortungsvollen, vertrauensvollen und nützlichen Tätigkeiten ausgeschlossen.

His every movement is jealously watched by the police till he comes of age and presents himself for inspection;

6.7

Jede seiner Bewegungen wird von der Polizei eifersüchtig beobachtet, bis er volljährig wird und sich der Inspektion stellt;

then he is either destroyed, if he is found to exceed the fixed margin of deviation, at an uninteresting occupation for a miserable stipend;

6.8

dann wird er entweder vernichtet, wenn man feststellt, dass er die festgelegte Abweichung überschreitet, in einem uninteressanten Beruf für ein miserables Gehalt;

obliged to live and board at the office,

6.9

er ist gezwungen,

and to take even his vacation under close supervision;

6.10

im Büro zu leben und sich dort zu verpflegen und sogar seinen Urlaub unter strenger Aufsicht zu nehmen;

6.11 what wonder that human nature, even in the best and purest, is embittered and perverted by such surroundings!"

welch ein Wunder, dass die menschliche Natur, selbst in den besten und reinsten, durch eine solche Umgebung verbittert und pervertiert wird!"

7.1 All this very plausible reasoning does not convince me, as it has not convinced the wisest of our Statesmen, that our ancestors erred in laying it down as an axiom of policy that the toleration of Irregularity is incompatible with the safety of the State.

All diese sehr plausiblen Argumente überzeugen mich nicht, wie sie auch die weisesten unserer Staatsmänner nicht überzeugt haben, dass unsere Vorfahren sich geirrt haben, als sie als politisches Axiom festlegten, dass die Duldung von Irregularität mit der Sicherheit des Staates unvereinbar ist.

7.2 Doubtless, the life of an Irregular is hard;

Zweifellos ist das Leben eines Irregulären hart;

7.3 but the interests of the Greater Number require that it shall be hard.

aber die Interessen der großen Zahl erfordern, dass es hart sein soll.

7.4 If a man with a triangular front and a polygonal back were allowed to exist and to propagate a still more Irregular posterity, what would become of the arts of life?

Wenn man einem Menschen mit einer dreieckigen Vorderseite und einem vieleckigen Rücken erlauben würde, zu existieren und eine noch unregelmäßigere Nachkommenschaft fortzupflanzen, was würde dann aus den Künsten des Lebens werden?

Are the houses and doors and churches in Flatland to be altered in order to accommodate such monsters? 7.5
Sollen die Häuser, Türen und Kirchen im Flachland verändert werden, um solche Monster zu beherbergen?

Are our ticket-collectors to be required to measure every man's perimeter before they allow him to enter a theatre, 7.6
Sollen unsere Kartenkassierer den Umfang eines jeden Menschen messen,

or to take his place in a lecture room? 7.7
bevor sie ihn ins Theater oder in den Hörsaal lassen?

Is an Irregular to be exempted from the militia? 7.8
Soll ein Irregulärer von der Miliz ausgenommen werden?

And if not, how is he to be prevented from carrying desolation into the ranks of his comrades? 7.9
Und wenn nicht, wie soll er daran gehindert werden, Verwüstung in die Reihen seiner Kameraden zu tragen?

Again, what irresistible temptations to fraudulent impostures must needs beset such a creature! 7.10
Und welche unwiderstehlichen Versuchungen zu betrügerischen Machenschaften müssen einem solchen Wesen begegnen!

How easy for him to enter a shop with his polygonal front foremost, 7.11
Wie leicht wird es ihm fallen,

and to order goods to any extent from a confiding tradesman! 7.12
mit seiner polygonalen Fassade ein Geschäft zu betreten und bei einem vertrauenswürdigen Händler Waren in beliebigem Umfang zu bestellen!

96

7.13 Let the advocates of a falsely called Philanthropy plead as they may for the abrogation of the Irregular Penal Laws, I for my part have never known an Irregular who was not also what Nature evidently intended him to be -

Mögen die Verfechter einer fälschlich so genannten Philanthropie noch so sehr für die Abschaffung der Irregulär-Strafgesetze plädieren, ich für meinen Teil habe noch nie einen Irregulären kennengelernt, der nicht auch das war, was die Natur offensichtlich für ihn vorgesehen hat -

7.14 a hypocrite, a misanthropist, and, up to the limits of his power, a perpetrator of all manner of mischief.

ein Heuchler, ein Misanthrop und, bis an die Grenzen seiner Macht, ein Verursacher von allerlei Unheil.

8.1 Not that I should be disposed to recommend (at present) the extreme measures adopted by some States, where an infant whose angle deviates by half a degree from the correct angularity is summarily destroyed at birth.

Nicht, dass ich bereit wäre, (derzeit) die extremen Maßnahmen zu empfehlen, die von einigen Staaten ergriffen werden, wo ein Säugling, dessen Winkel um ein halbes Grad von der richtigen Winkelstellung abweicht, bei der Geburt kurzerhand vernichtet wird.

8.2 Some of our highest and ablest men, men of real genius, have during their earliest days laboured under deviations as great as, or even greater than forty-five minutes:

Einige unserer besten und fähigsten Männer, Männer von echtem Genie, haben in ihren ersten Lebenstagen unter Abweichungen gelitten, die so groß oder sogar größer als fünfundvierzig Minuten waren:

97

and the loss of their precious lives would have been
an irreparable injury to the State.
8.3

und der Verlust ihres kostbaren Lebens wäre ein nicht
wiedergutzumachender Schaden für den Staat gewesen.

The art of healing also has achieved some of its most
glorious triumphs in the compressions, extensions,
trepannings, colligations, and other surgical or
diaetetic operations by which Irregularity has been
partly or wholly cured.
8.4

Die Heilkunst hat auch einige ihrer glorreichsten
Triumphe in den Kompressionen, Extensionen,
Trepannings, Colligations und anderen chirurgischen oder
diätetischen Operationen erzielt, durch die Irregularität
teilweise oder ganz geheilt wurde.

Advocating therefore a Via Media,
8.5

Wenn ich also für eine Via Media plädiere,

I would lay down no fixed or absolute line of
demarcation;
8.6

würde ich keine feste oder absolute Grenze festlegen;

but at the period when the frame is just beginning
to set, and when the Medical Board has reported
that recovery is improbably, I would suggest that
the Irregular offspring be painlessly and mercifully
consumed.
8.7

aber in der Zeit, in der sich das Skelett gerade erst zu
verfestigen beginnt und die Ärztekammer eine Heilung
für unwahrscheinlich hält, würde ich vorschlagen, dass
der irreguläre Nachwuchs schmerzlos und barmherzig
verzehrt wird.

§ 8 Of the Ancient Practice of Painting

§ 8 Von der antiken Praxis der Malerei

1.1 If my Readers have followed me with any attention up to this point, they will not be surprised to hear that life is somewhat dull in Flatland.

Wenn meine Leser mir bis zu diesem Punkt aufmerksam gefolgt sind, wird es sie nicht überraschen zu hören, dass das Leben in Flatland etwas langweilig ist.

1.2 I do not, of course, mean that there are not battles, conspiracies, tumults, factions, and all those other phenomena which are supposed to make History interesting;

Damit will ich natürlich nicht sagen, dass es keine Schlachten, Verschwörungen, Tumulte, Fraktionen und all die anderen Phänomene gibt, die die Geschichte interessant machen sollen;

nor would I deny that the strange mixture of the   1.3
problems of life and the problems of Mathematics,
continually inducing conjecture and giving an
opportunity of immediate verification, imparts to
our existence a zest which you in Spaceland can
hardly comprehend.

ich würde auch nicht leugnen, dass die seltsame Mischung
aus den Problemen des Lebens und den Problemen der
Mathematik, die ständig zu Vermutungen anregt und die
Möglichkeit einer sofortigen Überprüfung bietet, unserer
Existenz einen Reiz verleiht, den Sie in Spaceland kaum
nachvollziehen können.

I speak now from the aesthetic and artistic point of   1.4
view when I say that life with us is dull;

Ich spreche jetzt vom ästhetischen und künstlerischen
Standpunkt aus, wenn ich sage, dass das Leben bei uns
langweilig ist;

aesthetically and artistically, very dull indeed.   1.5

ästhetisch und künstlerisch gesehen sogar sehr langweilig.

How can it be otherwise, when all one's prospect,   2.1
all one's landscapes, historical pieces, portraits,
flowers, still life, are nothing but a single line,
with no varieties except degrees of brightness and
obscurity?

Wie könnte es anders sein, wenn alle Perspektiven, alle
Landschaften, Historien, Porträts, Blumen, Stilleben
nichts anderes sind als eine einzige Linie, die sich nur
durch Helligkeits - und Dunkelheitsgrade unterscheidet?

It was not always thus.   3.1

Das war nicht immer so.

3.2 Colour, if Tradition speaks the truth, once for the space of half a dozen centuries or more, threw a transient splendour over the lives of our ancestors in the remotest ages.

Wenn die Überlieferung die Wahrheit sagt, dann hat die Farbe einmal für ein halbes Dutzend Jahrhunderte oder länger einen vorübergehenden Glanz auf das Leben unserer Vorfahren in den fernsten Zeiten geworfen.

3.3 Some private individual -

Eine Privatperson -

3.4 a Pentagon whose name is variously reported -

ein Fünfeck, dessen Name verschiedentlich genannt wird -

3.5 having casually discovered the constituents of the simpler colours and a rudimentary method of painting, is said to have begun by decorating first his house, then his slaves, then his Father, his Sons, and Grandsons, lastly himself.

die zufällig die Bestandteile der einfacheren Farben und eine rudimentäre Malmethode entdeckt hatte, soll damit begonnen haben, zuerst sein Haus, dann seine Sklaven, dann seinen Vater, seine Söhne und Enkel und schließlich sich selbst zu schmücken.

3.6 The convenience as well as the beauty of the results commended themselves to all.

Sowohl die Bequemlichkeit als auch die Schönheit der Ergebnisse überzeugten alle.

3.7 Wherever Chromatistes, -

Wo immer Chromatistes -

3.8 for by that name the most trustworthy authorities concur in calling him, -

denn bei diesem Namen nennen ihn die vertrauenswürdigsten Autoritäten übereinstimmend -

turned his variegated frame, there he at once excited attention, and attracted respect. 3.9

seine bunte Gestalt hinwandte, erregte er sofort Aufmerksamkeit und zog Respekt an.

No one now needed to "feel" him; 3.10

Niemand brauchte ihn jetzt zu "ertasten";

no one mistook his front for his back; 3.11

niemand verwechselte seine Vorderseite mit seiner Rückseite;

all his movements were readily ascertained by his neighbours without the slightest strain on their powers of calculation; 3.12

alle seine Bewegungen wurden von seinen Nachbarn ohne die geringste Anstrengung ihrer Rechenkünste leicht festgestellt;

no one jostled him, or failed to make way for him; 3.13

niemand drängelte ihn an oder machte ihm nicht den Weg frei;

his voice was saved the labour of that exhausting utterance by which we colourless Squares and Pentagons are often forced to proclaim our individuality when we move amid a crowd of ignorant Isosceles. 3.14

seine Stimme ersparte ihm die Mühe jener anstrengenden Äußerung, durch die wir farblosen Vierecke und Fünfecke oft gezwungen sind, unsere Individualität zu verkünden, wenn wir uns inmitten einer Menge unwissenden Gleichschenkel bewegen.

The fashion spread like wildfire. 4.1

Die Mode verbreitete sich wie ein Lauffeuer.

4.2 Before a week was over, every Square and Triangle in the district had copied the example of Chromatistes, and only a few of the more conservative Pentagons still held out.

Noch vor Ablauf einer Woche hatten alle Quadrate und Dreiecke im Bezirk das Beispiel von Chromatistes kopiert, und nur einige der konservativeren Fünfecke hielten sich noch zurück.

4.3 A month or two found even the Dodecagons infected with the innovation.

Nach ein oder zwei Monaten waren sogar die Dodekagons von der Neuerung infiziert.

4.4 A year had not elapsed before the habit had spread to all but the very highest of the Nobility.

Es dauerte kein Jahr, bis sich die Gewohnheit bis auf die allerhöchsten Adeligen verbreitet hatte.

4.5 Needless to say,

Natürlich verbreitete sich der Brauch bald vom Bezirk Chromatistes in die umliegenden Regionen,

4.6 the custom soon made its way from the district of Chromatistes to surrounding regions; and within two generations no one in all Flatland was colourless except the Women and the Priests.

und innerhalb von zwei Generationen war in ganz Flachland niemand mehr farblos außer den Frauen und den Priestern.

5.1 Here Nature herself appeared to erect a barrier, and to plead against extending the innovations to these two classes.

Hier schien die Natur selbst eine Barriere zu errichten und gegen eine Ausweitung der Neuerungen auf diese beiden Klassen zu plädieren.

Many-sidedness was almost essential as a pretext for the Innovators. 5.2

Die Vielseitigkeit war als Vorwand für die Erneuerer fast unerlässlich.

"Distinction of sides is intended by Nature to imply distinction of colours" - 5.3

"Die Natur will, dass die Unterscheidung der Seiten die Unterscheidung der Farben bedeutet" -

such was the sophism which in those days flew from mouth to mouth, 5.4

so lautete die Sophistik,

converting whole towns at a time to a new culture. 5.5

die in jenen Tagen von Mund zu Mund ging und ganze Städte auf einmal zu einer neuen Kultur bekehrte.

But manifestly to our Priests and Women this adage did not apply. 5.6

Aber auf unsere Priester und Frauen traf dieses Sprichwort offensichtlich nicht zu.

The latter had only one side, and therefore - 5.7

Letztere hatten nur eine Seite, also -

plurally and pedantically speaking - no sides. The former - 5.8

rein pedantisch gesprochen - keine Seite. Die ersteren -

if at least they would assert their claim to be readily and truly Circles, and not mere high-class Polygons, with an infinitely large number of infinitesimally small sides - 5.9

wenn sie wenigstens den Anspruch erheben wollten, wirklich und wahrhaftig Kreise zu sein und nicht nur hochklassige Polygone mit einer unendlich großen Anzahl von unendlich kleinen Seiten -

104

5.10 were in the habit of boasting (what Women confessed and deplored) that they also had no sides, being blessed with a perimeter of only one line, or, in other words, a Circumference.

pflegten sich zu rühmen (was die Frauen gestanden und bedauerten), dass sie ebenfalls keine Seiten hatten, da sie mit einem Umfang von nur einer Linie gesegnet waren, oder, mit anderen Worten, einem Circumference.

5.11 Hence it came to pass that these two Classes could see no force in the so-called axiom about

So kam es, dass diese beiden Klassen keine Kraft in dem so genannten Axiom über die

5.12 "Distinction of Sides implying Distinction of Colour;"

"Unterscheidung der Seiten, die eine Unterscheidung der Farbe impliziert"

5.13 and when all others had succumbed to the fascinations of corporal decoration,

sehen konnten; und als alle anderen den Faszinationen der körperlichen Dekoration erlegen waren,

5.14 the Priests and the Women alone still remained pure from the pollution of paint.

blieben nur die Priester und die Frauen von der Verunreinigung der Farbe rein.

6.1 Immoral, licentious, anarchical, unscientific -

Unmoralisch, zügellos, anarchisch, unwissenschaftlich -

6.2 call them by what names you will -

nennen Sie sie, wie Sie wollen -

yet, from an aesthetic point of view, those ancient days of the Colour Revolt were the glorious childhood of Art in Flatland -

6.3

aber vom ästhetischen Standpunkt aus waren diese alten Tage der Farbenrevolte die glorreiche Kindheit der Kunst im Flachland -

a childhood, alas, that never ripened into manhood, nor even reached the blossom of youth.

6.4

eine Kindheit, die leider nie zum Manne heranreifte und nicht einmal die Blüte der Jugend erreichte.

To live then in itself a delight,

6.5

Damals zu leben war an sich schon ein Vergnügen,

because living implied seeing.

6.6

denn Leben bedeutete sehen.

Even at a small party, the company was a pleasure to behold;

6.7

Selbst bei einem kleinen Fest war die Gesellschaft ein Vergnügen zu sehen;

the richly varied hues of the assembly in a church or theatre are said to have more than once proved too distracting from our greatest teachers and actors;

6.8

die vielfältigen Farben der Versammlung in einer Kirche oder einem Theater sollen sich mehr als einmal als zu ablenkend von unseren größten Lehrern und Schauspielern erwiesen haben;

but most ravishing of all is said to have been the unspeakable magnificence of a military review.

6.9

aber am hinreißendsten von allem soll die unsagbare Pracht einer Militärrevue gewesen sein.

7.1 The sight of a line of battle of twenty thousand
Isosceles suddenly facing about,
Der Anblick einer Schlachtreihe von zwanzigtausend
Gleichschenkeln,

7.2 and exchanging the sombre black of their bases for
the orange of the two sides including their acute
angle;
die sich plötzlich umdrehen und das düstere Schwarz ihrer
Basen gegen das Orange der beiden Seiten einschließlich
des spitzen Winkels eintauschen;

7.3 the militia of the Equilateral Triangles tricoloured in
red, white, and blue;
die Miliz der gleichseitigen Dreiecke, dreifarbig in Rot,
Weiß und Blau;

7.4 the mauve, ultra-marine, gamboge, and burnt umber
of the Square artillerymen rapidly rotating near their
vermillion guns;
das Lila, Ultramarin, Gamboge und verbrannte Umbra der
quadratischen Artilleristen, die sich schnell in der Nähe
ihrer zinnoberroten Kanonen drehen;

the dashing and flashing of the five-coloured and six-   7.5
coloured Pentagons and Hexagons careering across
the field in their offices of surgeons, geometricians
and aides-de-camp — all these may well have been
sufficient to render credible the famous story how
an illustrious Circle, overcome by the artistic beauty
of the forces under his command, threw aside his
marshal's baton and his royal crown, exclaiming that
he henceforth exchanged them for the artist's pencil.
das Flitzen und Blitzen der fünf - und sechsfarbigen
Fünfecke und Sechsecke, die in ihren Ämtern als
Chirurgen, Geometriker und Adjutanten über das Feld
eilten - all das mag ausgereicht haben, um die berühmte
Geschichte glaubhaft zu machen, wie ein erlauchter Zirkel,
überwältigt von der künstlerischen Schönheit der ihm
unterstellten Truppen, seinen Marschallstab und seine
Königskrone wegwarf und ausrief, dass er sie fortan gegen
den Bleistift des Künstlers eintauschte.

How great and glorious the sensuous development of   7.6
these days must have been is in part indicated by the
very language and vocabulary of the period.
Wie groß und glorreich die sinnliche Entwicklung dieser
Tage gewesen sein muss, lässt sich zum Teil schon an der
Sprache und dem Vokabular dieser Zeit ablesen.

The commonest utterances of the commonest citizens   7.7
in the time of the Colour Revolt seem to have been
suffused with a richer tinge of word or thought;
Die gewöhnlichsten Äußerungen der einfachsten Bürger
in der Zeit der Farbenrevolte scheinen von einer reicheren
Färbung des Wortes oder des Gedankens durchdrungen
gewesen zu sein;

7.8 and to that era we are even now indebted for our finest poetry and for whatever rhythm still remains in the more scientific utterance of those modern days.

und jener Epoche verdanken wir auch heute noch unsere schönste Poesie und das, was an Rhythmus in den wissenschaftlicheren Äußerungen jener modernen Tage noch vorhanden ist.

§ 9 Of the Universal Colour Bill

§ 9 Des Gesetzes über die allgemeine Farbe

1.1 But meanwhile the intellectual Arts were fast decaying.

Aber die intellektuellen Künste verfielen inzwischen schnell.

2.1 The Art of Sight Recognition, being no longer needed, was no longer practised; and the studies of Geometry, Statics, Kinetics, and other kindred subjects, came soon to be considered superfluous, and fell into disrespect and neglect even at our University.

Da die Kunst des Sehens nicht mehr gebraucht wurde, wurde sie auch nicht mehr praktiziert, und das Studium der Geometrie, der Statik, der Kinetik und anderer verwandter Fächer wurde bald als überflüssig angesehen und fiel sogar an unserer Universität in Missachtung und Vernachlässigung.

2.2 The inferior Art of Feeling speedily experienced the same fate at our Elementary Schools.

Die minderwertige Kunst des Fühlens erfuhr in unseren Elementarschulen schnell das gleiche Schicksal.

111

Then the Isosceles classes, asserting that the Specimens were no longer used nor needed, and refusing to pay the customary tribute from the Criminal classes to the service of Education, waxed daily more numerous and more insolent on the strength of their immunity from the old burden which had formerly exercised the twofold wholesome effect of at once taming their brutal nature and thinning their excessive numbers.

2.3

Dann behaupteten die gleichschenkligen Klassen, dass die Proben nicht mehr gebraucht würden und weigerten sich, den üblichen Tribut der kriminellen Klassen für den Dienst an der Bildung zu zahlen, und wurden von Tag zu Tag zahlreicher und frecher, weil sie von der alten Last befreit waren, die früher die zweifach heilsame Wirkung hatte, ihre brutale Natur zu zähmen und ihre übermäßige Zahl zu verringern.

Year by year the Soldiers and Artisans began more vehemently to assert -

3.1

Die Soldaten und Handwerker begannen von Jahr zu Jahr vehementer -

and with increasing truth -

3.2

und mit zunehmender Wahrheit -

3.3 that there was no great difference between them
and the very highest class of Polygons, now that
they were raised to an equality with the latter, and
enabled to grapple with all the difficulties and solve
all the problems of life, whether Statical or Kinetical,
by the simple process of Colour Recognition.

zu behaupten, dass zwischen ihnen und der allerhöchsten
Klasse der Polygone kein großer Unterschied mehr bestehe,
da sie nun auf eine Stufe mit den letzteren gehoben und
in die Lage versetzt würden, alle Schwierigkeiten zu
bewältigen und alle Probleme des Lebens, ob statisch oder
kinetisch, durch den einfachen Prozess der Farberkennung
zu lösen.

3.4 Not content with the natural neglect into which
Sight Recognition was falling, they began boldly to
demand the legal prohibition of all

Sie begnügten sich nicht mit der natürlichen
Vernachlässigung, in die die Farberkennung geraten war,
und begannen kühn, das gesetzliche Verbot aller

3.5 "monopolizing and aristocratic Arts"

"monopolisierenden und aristokratischen Künste"

3.6 and the consequent abolition of all endowments for
the studies of Sight Recognition, Mathematics, and
Feeling.

und die konsequente Abschaffung aller Stiftungen für das
Studium der Farberkennung, der Mathematik und des
Gefühls zu fordern.

Soon, they began to insist that inasmuch as Colour, 3.7
which was a second Nature, had destroyed the need
of aristocratic distinctions, the Law should follow in
the same path, and that henceforth all individuals
and all classes should be recognized as absolutely
equal and entitled to equal rights.

Bald begannen sie darauf zu bestehen, dass, da die
Farbe, die eine zweite Natur sei, die Notwendigkeit
aristokratischer Unterscheidungen zerstört habe, das
Recht demselben Weg folgen solle, und dass von nun an
alle Individuen und alle Klassen als absolut gleich und mit
gleichen Rechten ausgestattet anerkannt werden sollten.

Finding the higher Orders wavering and undecided, 4.1
the leaders of the Revolution advanced still further
in their requirements, and at last demanded that all
classes alike, the Priests and the Women not excepted,
should do homage to Colour by submitting to be
painted.

Da die höheren Orden schwankten und unentschlossen
waren, gingen die Führer der Revolution in ihren
Forderungen noch weiter und verlangten schließlich,
dass alle Klassen, die Priester und die Frauen nicht
ausgenommen, der Farbe huldigen und sich malen lassen
sollten.

When it was objected that Priests and Women had 4.2
no sides, they retorted that Nature and Expediency
concurred in dictating that the front half of every
human being (that is to say, the half containing his
eye and mouth) should be distinguishable from his
hinder half.

Auf den Einwand, dass Priester und Frauen keine Seiten
hätten, erwiderten sie, dass Natur und Zweckmäßigkeit
übereinstimmend diktierten, dass die vordere Hälfte eines
jeden Menschen (d.h. die Hälfte mit Auge und Mund) von
der hinteren Hälfte unterscheidbar sein müsse.

4.3 They therefore brought before a general and extraordinary Assembly of all the States of Flatland a Bill proposing that in every Woman the half containing the eye and mouth should be coloured red, and the other half green.

Sie brachten daher in einer allgemeinen und außerordentlichen Versammlung aller Staaten des Flachlandes einen Gesetzesentwurf ein, der vorsah, dass bei jeder Frau die Hälfte mit Auge und Mund rot und die andere Hälfte grün gefärbt sein sollte.

4.4 The Priests were to be painted in the same way, red being applied to that semicircle in which the eye and mouth formed the middle point; while the other or hinder semicircle was to be coloured green.

Die Priester sollten auf die gleiche Weise bemalt werden, wobei der Halbkreis, in dem das Auge und der Mund den Mittelpunkt bildeten, rot gefärbt werden sollte, während der andere oder hintere Halbkreis grün gefärbt werden sollte.

5.1 There was no little cunning in this proposal,

Es lag nicht wenig List in diesem Vorschlag,

5.2 which indeed emanated not from any Isosceles -

der in der Tat nicht von einem Isosceles stammte -

5.3 for no being so degraded would have angularity enough to appreciate, much less to devise, such a model of state- craft -

kein so degradiertes Wesen hätte genug Scharfsinn, um ein solches Modell der Staatskunst zu erkennen, geschweige denn zu entwerfen -

but from an Irregular Circle who, instead of being 5.4
destroyed in his childhood, was reserved by a foolish
indulgence to bring desolation on his country and
destruction on myriads of followers.

sondern von einem irregulären Zirkel, der, anstatt in
seiner Kindheit zerstört zu werden, durch eine törichte
Nachsicht reserviert war, um Verwüstung über sein Land
und Zerstörung über Myriaden von Anhängern zu bringen.

On the one hand the proposition was calculated to 6.1
bring the Women in all classes over to the side of the
Chromatic Innovation.

Einerseits war der Vorschlag darauf ausgelegt, die
Frauen in allen Klassen auf die Seite der chromatischen
Innovation zu ziehen.

For by assigning to the Women the same two colours 6.2
as were assigned to the Priests, the Revolutionists
thereby ensured that, in certain positions, every
Woman would appear as a Priest, and be treated with
corresponding respect and deference -

Denn indem die Revolutionäre den Frauen dieselben
beiden Farben zuwiesen wie den Priestern, sorgten sie
dafür, dass in bestimmten Positionen jede Frau wie eine
Priesterin aussah und mit entsprechendem Respekt und
Ehrerbietung behandelt wurde -

a prospect that could not fail to attract the Female 6.3
Sex in a mass.

eine Aussicht, die das weibliche Geschlecht massenhaft
anziehen konnte.

7.1 But by some of my Readers the possibility of the identical appearance of Priests and Women, under a new Legislation, may not be recognized;

Aber einige meiner Leser werden die Möglichkeit, dass Priester und Frauen unter einer neuen Gesetzgebung identisch auftreten können, vielleicht nicht erkennen;

7.2 if so,

wenn dem so ist,

7.3 a word or two will make it obvious.

werden ein oder zwei Worte dies deutlich machen.

8.1 Imagine a woman duly decorated, according to the new Code; with the front half (i.e., the half containing the eye and mouth) red, and with the hinder half green.

Stellen Sie sich eine Frau vor, die nach dem neuen Kodex geschmückt ist: die vordere Hälfte (d.h. die Hälfte mit den Augen und dem Mund) ist rot, die hintere Hälfte grün.

8.2 Look at her from one side.

Betrachten Sie sie von einer Seite.

8.3 Obviously you will see a straight line, half red, half green.

Offensichtlich sehen Sie eine gerade Linie, halb rot, halb grün.

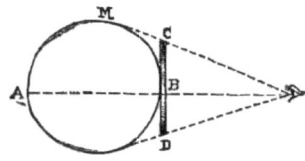

Now imagine a Priest, whose mouth is at M, and 10.1
whose front semicircle (AMB) is consequently
coloured red, while his hinder semicircle is green;
Stellen Sie sich nun einen Priester vor, dessen Mund sich
bei M befindet und dessen vorderer Halbkreis (AMB)
folglich rot gefärbt ist, während sein hinterer Halbkreis
grün ist;

so that the diameter AB divides the green from the 10.2
red.
so dass der Durchmesser AB das Grün vom Rot trennt.

If you contemplate the Great Man so as to have your 10.3
eye in the same straight line as his dividing diameter
(AB), what you will see will be a straight line (CBD),
of which one half (CB) will be red, and the other (BD)
green.
Wenn du den Großen Mann so betrachtest, dass sich
dein Auge in der gleichen geraden Linie wie sein
Teilungsdurchmesser (AB) befindet, wirst du eine gerade
Linie (CBD) sehen, von der eine Hälfte (CB) rot und die
andere (BD) grün ist.

The whole line (CD) will be rather shorter perhaps 10.4
than that of a full-sized Woman, and will shade off
more rapidly towards its extremities;
Die gesamte Linie (CD) wird vielleicht etwas kürzer sein
als die einer Frau in voller Größe und zu ihren Enden hin
schneller abnehmen;

but the identity of the colours would give you an 10.5
immediate impression of identity in Class, making
you neglectful of other details.
aber die Identität der Farben würde Ihnen einen
unmittelbaren Eindruck von der Identität der Klasse
vermitteln und Sie andere Details vernachlässigen lassen.

10.6 Bear in mind the decay of Sight Recognition which threatened society at the time of the Colour revolt;

Bedenken Sie den Verfall der Sehkraft, der die Gesellschaft zur Zeit der Farbenrevolte bedrohte;

10.7 add too the certainty that Woman would speedily learn to shade off their extremities so as to imitate the Circles;

fügen Sie noch die Gewissheit hinzu, dass die Frauen schnell lernen würden, ihre Extremitäten abzuschatten, um die Kreise zu imitieren;

10.8 it must then be surely obvious to you, my dear Reader, that the Colour Bill placed us under a great danger of confounding a Priest with a young Woman.

dann muss es Ihnen, lieber Leser, doch klar sein, dass das Farbengesetz uns der großen Gefahr aussetzte, einen Priester mit einer jungen Frau zu verwechseln.

11.1 How attractive this prospect must have been to the Frail Sex may readily be imagined.

Man kann sich leicht vorstellen, wie verlockend diese Aussicht für das schwache Geschlecht gewesen sein muss.

11.2 They anticipated with delight the confusion that would ensue.

Sie freuten sich auf die Verwirrung, die sich daraus ergeben würde.

At home they might hear political and ecclesiastical   11.3
secrets intended not for them but for their husbands
and brothers, and might even issue some commands
in the name of a priestly Circle;

Zu Hause könnten sie politische und kirchliche
Geheimnisse erfahren, die nicht für sie, sondern für ihre
Ehemänner und Brüder bestimmt waren, und sie könnten
sogar einige Befehle im Namen eines priesterlichen Zirkels
erteilen;

out of doors the striking combination of red and   11.4
green without addition of any other colours, would
be sure to lead the common people into endless
mistakes, and the Woman would gain whatever the
Circles lost, in the deference of the passers by.

draußen würde die auffällige Kombination von Rot und
Grün ohne Hinzufügung anderer Farben das gemeine Volk
sicher in endlose Irrtümer führen, und die Frau würde
gewinnen, was die Zirkel verloren haben, nämlich die
Ehrerbietung der Vorübergehenden.

As for the scandal that would befall the Circular Class   11.5
if the frivolous and unseemly conduct of the Women
were imputed to them, and as to the consequent
subversion of the Constitution, the Female Sex
could not be expected to give a thought to these
considerations.

Was den Skandal anbelangt, der die Kreisklasse treffen
würde, wenn das frivole und ungebührliche Verhalten
der Frauen ihnen angelastet würde, und was die daraus
resultierende Untergrabung der Verfassung anbelangt, so
war vom weiblichen Geschlecht nicht zu erwarten, dass es
sich über diese Überlegungen Gedanken machte.

11.6 **Even in the households of the Circles, the Women were all in favour of the Universal Colour Bill.**
Selbst in den Haushalten der Kreise waren die Frauen alle für das Gesetz über die allgemeine Farbe.

12.1 **The second object aimed at by the Bill was the gradual demoralization of the Circles themselves.**
Das zweite Ziel, das mit dem Gesetzentwurf verfolgt wurde, war die allmähliche Demoralisierung der Zirkel selbst.

12.2 **In the general intellectual decay they still preserved their pristine clearness and strength of understanding.**
In dem allgemeinen geistigen Verfall bewahrten sie noch ihre ursprüngliche Klarheit und Stärke des Verständnisses.

12.3 **From their earliest childhood, familiarized in their Circular households with the total absence of Colour, the Nobles alone preserved the Sacred Art of Sight Recognition, with all the advantages that result from that admirable training of the intellect.**
Von frühester Kindheit an, als sie in ihren kreisförmigen Haushalten mit der völligen Abwesenheit von Farbe vertraut gemacht wurden, bewahrten allein die Adligen die heilige Kunst des Sehens und Erkennens mit allen Vorteilen, die sich aus dieser bewundernswerten Schulung des Intellekts ergeben.

12.4 **Hence, up to the date of the introduction of the Universal Colour Bill, the Circles had not only held their own, but even increased their lead of the other classes by abstinence from the popular fashion.**
Daher haben die Kreise bis zur Einführung des Universal Colour Bill nicht nur ihre Stellung gehalten, sondern ihren Vorsprung vor den anderen Klassen durch die Abstinenz von der populären Mode sogar noch vergrößert.

Now therefore the artful Irregular whom I described 13.1
above as the real author of this diabolical Bill,
determined at one blow to lower the status of the
Hierarchy by forcing them to submit to the pollution
of Colour, and at the same time to destroy their
domestic opportunities of training in the Art of Sight
Recognition, so as to enfeeble their intellects by
depriving them of their pure and colourless homes.

Der schlaue Irreguläre, den ich oben als den wahren
Urheber dieses teuflischen Gesetzes beschrieben
habe, beschloss nun, mit einem Schlag den Status der
Hierarchie herabzusetzen, indem er sie zwang, sich der
Verunreinigung durch die Farbe zu unterwerfen, und
gleichzeitig ihre häuslichen Gelegenheiten zur Ausbildung
in der Kunst des Erkennens zu zerstören, um ihren
Intellekt zu schwächen, indem er sie ihrer reinen und
farblosen Heimat beraubte.

Once subjected to the chromatic taint, 13.2

Sobald sie dem chromatischen Makel ausgesetzt wären,

every parental and every childish Circle would 13.3
demoralize each other.

würden sich jeder elterliche und jeder kindliche Kreis
gegenseitig demoralisieren.

Only in discerning between the Father and the 13.4
Mother would the Circular infant find problems
for the exercise of his understanding -

Nur bei der Unterscheidung zwischen Vater und Mutter
würde das zirkuläre Kind Probleme für die Ausübung
seines Verstandes finden -

122

13.5 problems too often likely to be corrupted by maternal impostures with the result of shaking the child's faith in all logical conclusions.

Probleme, die nur zu oft durch mütterliche Betrügereien verdorben werden, mit dem Ergebnis, dass der Glaube des Kindes an alle logischen Schlussfolgerungen erschüttert wird.

13.6 Thus by degrees the intellectual lustre of the Priestly Order would wane,

So würde nach und nach der intellektuelle Glanz des Priesterordens schwinden,

13.7 and the road would then lie open for a total destruction of all Aristocratic Legislature and for the subversion of our Privileged Classes.

und der Weg wäre dann frei für die völlige Zerstörung aller aristokratischen Gesetzgebung und für den Umsturz unserer privilegierten Klassen.

§ 10 Of the Suppression of the Chromatic Sedition

§ 10 Von der Unterdrückung des chromatischen Aufruhrs

1.1 The agitation for the Universal Colour Bill continued for three years; and up to the last moment of that period it seemed as though Anarchy were destined to triumph.

Die Agitation für die Universal Colour Bill dauerte drei Jahre lang an, und bis zum letzten Moment dieser Periode schien es, als ob die Anarchie zum Triumph bestimmt wäre.

2.1 A whole army of Polygons, who turned out to fight as private soldiers, was utterly annihilated by a superior force of Isosceles Triangles -

Ein ganzes Heer von Polygonen, die sich als Privatsoldaten zur Verfügung stellten, wurde von einer überlegenen Streitmacht gleichschenkliger Dreiecke vernichtet -

2.2 the Squares and Pentagons meanwhile remaining neutral.

Quadrate und Fünfecke blieben indessen neutral.

Worse than all, 3.1
Schlimmer noch,

some of the ablest Circles fell a prey to conjugal fury. 3.2
einige der besten Kreise fielen der ehelichen Wut zum
Opfer.

Infuriated by political animosity, the wives in many a 3.3
noble household wearied their lords with prayers to
give up their opposition to the Colour Bill;
Von politischer Feindseligkeit erzürnt, ermüdeten die
Ehefrauen in vielen adligen Haushalten ihre Herren
mit Gebeten, ihren Widerstand gegen das Colour Bill
aufzugeben;

and some, finding their entreaties fruitless, fell 3.4
on and slaughtered their innocent children and
husband, perishing themselves in the act of carnage.
und einige, die ihre Bitten für vergeblich hielten, stürzten
sich auf ihre unschuldigen Kinder und ihren Ehemann
und schlachteten sie ab, wobei sie selbst bei dem Gemetzel
umkamen.

It is recorded that during that triennial agitation no 3.5
less than twenty-three Circles perished in domestic
discord.
Es ist überliefert, dass während dieses dreijährigen
Aufruhrs nicht weniger als dreiundzwanzig Kreise in
häuslicher Zwietracht umkamen.

Great indeed was the peril. 4.1
In der Tat war die Gefahr groß.

It seemed as though the Priests had no choice 4.2
between submission and extermination;
Es schien, als hätten die Priester keine Wahl zwischen
Unterwerfung und Ausrottung;

4.3 when suddenly the course of events was completely changed by one of those picturesque incidents which Statesmen ought never to neglect, often to anticipate, and sometimes perhaps to originate, because of the absurdly disproportionate power with which they appeal to the sympathies of the populace.

als plötzlich der Lauf der Dinge durch einen jener pittoresken Vorfälle völlig verändert wurde, die Staatsmänner nie vernachlässigen, oft vorhersehen und manchmal vielleicht sogar herbeiführen sollten, wegen der absurd unverhältnismäßigen Kraft, mit der sie an die Sympathien des Volkes appellieren.

5.1 It happened that an Isosceles of a low type, with a brain little if at all above four degrees — accidentally dabbling in the colours of some Tradesman whose shop he had plundered — painted himself, or caused himself to be painted (for the story varies) with the twelve colours of a Dodecagon.

Es begab sich, dass ein Gleichschenkliger von niedrigem Typus, mit einem Gehirn, das kaum oder gar nicht über vier Grad hinausging, zufällig in den Farben eines Händlers herumstocherte, dessen Laden er geplündert hatte, und sich mit den zwölf Farben eines Zwölfecks bemalte oder bemalen ließ (denn die Geschichte variiert).

5.2 Going into the Market Place he accosted in a feigned voice a maiden, the orphan daughter of a noble Polygon, whose affection in former days he had sought in vain;

Auf dem Marktplatz sprach er mit verstellter Stimme ein Mädchen an, die verwaiste Tochter eines adligen Polygons, um deren Zuneigung er sich früher vergeblich bemüht hatte;

5.3 and by a series of deceptions -

und durch eine Reihe von Täuschungen -

aided, on the one side, by a string of lucky accidents too long to relate, and, on the other, by an almost inconceivable fatuity and neglect of ordinary precautions on the part of the relations of the bride - 5.4

einerseits durch eine Reihe glücklicher Zufälle, die zu lang sind, um sie aufzuzählen, und andererseits durch eine fast unvorstellbare Dummheit und Vernachlässigung der üblichen Vorsichtsmaßnahmen seitens der Verwandten der Braut -

he succeeded in consummating the marriage. 5.5

gelang es ihm, die Ehe zu vollziehen.

The unhappy girl committed suicide on discovering the fraud to which she had been subjected. 5.6

Das unglückliche Mädchen beging Selbstmord, als sie den Betrug entdeckte, dem sie unterworfen worden war.

When the news of this catastrophe spread from State to State the minds of the Women were violently agitated. 6.1

Als sich die Nachricht von dieser Katastrophe von Staat zu Staat verbreitete, wurden die Gemüter der Frauen heftig aufgewühlt.

Sympathy with the miserable victim and anticipations of similar deceptions for themselves, their sisters, and their daughters, made them now regard the Colour Bill in an entirely new aspect. 6.2

Das Mitgefühl mit dem unglücklichen Opfer und die Erwartung ähnlicher Täuschungen für sich selbst, ihre Schwestern und Töchter ließen sie das Colour Bill nun unter einem völlig neuen Aspekt betrachten.

6.3 **Not a few openly avowed themselves converted to antagonism;**

Nicht wenige erklärten sich offen zum Antagonismus bekehrt;

6.4 **the rest needed only a slight stimulus to make a similar avowal.**

der Rest brauchte nur einen kleinen Anreiz, um ein ähnliches Bekenntnis abzugeben.

6.5 **Seizing this favourable opportunity, the Circles hastily convened an extraordinary Assembly of the States;**

Die Kreise nutzten diese günstige Gelegenheit und beriefen in aller Eile eine außerordentliche Versammlung der Staaten ein;

6.6 **and besides the usual guard of Convicts, they secured the attendance of a large number of reactionary Women.**

neben der üblichen Garde von Sträflingen sicherten sie sich die Anwesenheit einer großen Zahl reaktionärer Frauen.

7.1 **Amidst an unprecedented concourse, the Chief Circle of those days -**

Inmitten einer noch nie dagewesenen Menge sah sich der oberste Zirkel jener Tage -

7.2 **by name Pantocyclus -**

er hieß Pantocyclus -

7.3 **arose to find himself hissed and hooted by a hundred and twenty thousand Isosceles.**

von hundertzwanzigtausend Gleichgesinnten beschimpft und ausgepfiffen.

But he secured silence by declaring that henceforth
the Circles would enter on a policy of Concession;

7.4

Doch er verschaffte sich Ruhe, indem er erklärte, dass die
Kreise von nun an eine Politik der Konzession betreiben
würden;

yielding to the wishes of the majority, they would
accept the Colour Bill.

7.5

sie würden sich den Wünschen der Mehrheit beugen und
das Farbengesetz akzeptieren.

The uproar being at once converted to applause, he
invited Chromatistes, the leader of the Sedition, into
the centre of the hall, to receive in the name of his
followers the submission of the Hierarchy.

7.6

Da sich der Aufruhr sofort in Beifall verwandelte, lud
er Chromatistes, den Anführer des Aufruhrs, in die
Mitte des Saals ein, um im Namen seiner Anhänger die
Unterwerfung der Hierarchie entgegenzunehmen.

Then followed a speech, a masterpiece of rhetoric,
which occupied nearly a day in the delivery, and to
which no summary can do justice.

7.7

Es folgte eine Rede, ein Meisterwerk der Rhetorik, deren
Abhaltung fast einen ganzen Tag in Anspruch nahm und
der keine Zusammenfassung gerecht werden kann.

130

8.1 With a grave appearance of impartiality he declared
that as they were now finally committing themselves
to Reform or Innovation, it was desirable that they
should take one last view of the perimeter of the
whole subject, its defects as well as its advantages.

Mit einem ernsten Anschein von Unparteilichkeit erklärte
er, dass es, da sie sich nun endgültig zur Reform oder
Innovation verpflichteten, wünschenswert sei, dass sie
sich ein letztes Mal ein Bild vom Umfang des gesamten
Themas, seinen Mängeln wie auch seinen Vorteilen machen
sollten.

8.2 Gradually introduction the mention of the dangers
to the Tradesmen, the Professional Classes and the
Gentlemen, he silenced the rising murmurs of the
Isosceles by reminding them that, in spite of all these
defects, he was willing to accept the Bill if it was
approved by the majority.

Allmählich leitete er die Erwähnung der Gefahren
für die Gewerbetreibenden, die Berufsstände und die
Herren ein und brachte das aufkommende Gemurmel
der Gleichgesinnten zum Schweigen, indem er sie daran
erinnerte, dass er trotz all dieser Mängel bereit sei, den
Gesetzentwurf anzunehmen, wenn er von der Mehrheit
gebilligt werde.

8.3 But it was manifest that all, except the Isosceles, were
moved by his words and were either neutral or averse
to the Bill.

Aber es war offensichtlich, dass alle, mit Ausnahme der
Gleichgesinnten, von seinen Worten bewegt waren und
dem Gesetzentwurf entweder neutral oder ablehnend
gegenüberstanden.

131

Turning now to the Workmen he asserted that their interests must not be neglected, and that, if they intended to accept the Colour Bill, they ought at least to do so with full view of the consequences.

9.1

Er wandte sich nun an die Arbeiter und betonte, dass ihre Interessen nicht vernachlässigt werden dürften und dass sie, wenn sie die Colour Bill annehmen wollten, dies zumindest in voller Kenntnis der Folgen tun sollten.

Many of them, he said, were on the point of being admitted to the class of the Regular Triangles;

9.2

Viele von ihnen stünden kurz davor, in die Klasse der regulären Dreiecke aufgenommen zu werden;

others anticipated for their children a distinction they could not hope for themselves.

9.3

andere erwarteten für ihre Kinder eine Auszeichnung, die sie selbst nicht erhoffen könnten.

That honourable ambition would not have to be sacrificed.

9.4

Dieser ehrenvolle Ehrgeiz müsse nicht geopfert werden.

With the universal adoption of Colour, all distinctions would cease;

9.5

Mit der allgemeinen Annahme der Farbe würden alle Unterscheidungen aufhören;

Regularity would be confused with Irregularity;

9.6

die Regelmäßigkeit würde mit der Unregelmäßigkeit verwechselt werden;

development would give place to retrogression;

9.7

die Entwicklung würde dem Rückschritt weichen;

9.8   the Workman would in a few generations be degraded to the level of the Military, or even the Convict Class;

der Arbeiter würde in wenigen Generationen auf das Niveau des Militärs oder sogar der Sträflingsklasse herabgestuft werden;

9.9   political power would be in the hands of the greatest number, that is to say the Criminal Classes, who were already more numerous than the Workmen, and would soon out-number all the other Classes put together when the usual Compensative Laws of Nature were violated.

die politische Macht würde in den Händen der größten Zahl liegen, d.h. der kriminellen Klassen, die bereits zahlreicher als die Arbeiter waren und bald alle anderen Klassen zusammen übertreffen würden, wenn die üblichen ausgleichenden Naturgesetze verletzt würden.

10.1   A subdued murmur of assent ran through the ranks of the Artisans, and Chromatistes, in alarm, attempted to step forward and address them.

Ein gedämpftes Gemurmel der Zustimmung ging durch die Reihen der Handwerker, und Chromatistes versuchte erschrocken, vorzutreten und zu ihnen zu sprechen.

But he found himself encompassed with guards and forced to remain silent while the Chief Circle in a few impassioned words made a final appeal to the Women, exclaiming that, if the Colour Bill passed, no marriage would henceforth be safe, no woman's honour secure;

10.2

Aber er sah sich von Wachen umringt und gezwungen, zu schweigen, während der Oberste Kreis in einigen leidenschaftlichen Worten einen letzten Appell an die Frauen richtete, indem er ausrief, dass, wenn das Farbengesetz verabschiedet würde, keine Ehe mehr sicher wäre, keine Frauenehre mehr gesichert wäre;

fraud, deception, hypocrisy would pervade every household;

10.3

Betrug, Täuschung, Heuchelei würden jeden Haushalt durchdringen;

domestic bliss would share the fate of the Constitution and pass to speedy perdition.

10.4

das häusliche Glück würde das Schicksal der Verfassung teilen und in ein schnelles Verderben führen.

"Sooner than this," he cried, "come death."

10.5

"Früher als dies," rief er, "kommt der Tod."

At these words, which were the preconcerted signal for action, the Isosceles Convicts fell on and transfixed the wretched Chromatistes;

11.1

Auf diese Worte hin, die das angekündigte Signal zum Handeln waren, stürzten sich die gleichschenkligen Sträflinge auf die unglücklichen Chromatisten und fesselten sie;

134

11.2 the Regular Classes, opening their ranks, made way for a band of Women who, under direction of the Circles, moved back foremost, invisibly and unerringly upon the unconscious soldiers;

die regulären Klassen öffneten ihre Reihen und machten Platz für eine Gruppe von Frauen, die sich unter der Führung der Zirkel unsichtbar und zielsicher auf die bewusstlosen Soldaten zurückzogen;

11.3 the Artisans, imitating the example of their betters, also opened their ranks.

die Handwerker, die dem Beispiel ihrer Vorgesetzten folgten, öffneten ebenfalls ihre Reihen.

11.4 Meantime bands of Convicts occupied every entrance with an impenetrable phalanx.

In der Zwischenzeit besetzten Gruppen von Sträflingen jeden Eingang mit einer undurchdringlichen Phalanx.

12.1 The battle, or rather carnage, was of short duration.

Die Schlacht, oder vielmehr das Gemetzel, war von kurzer Dauer.

12.2 Under the skillful generalship of the Circles almost every Woman's charge was fatal and very many extracted their sting uninjured, ready for a second slaughter.

Unter der geschickten Führung der Kreise war fast jeder Angriff der Frauen tödlich, und sehr viele zogen ihren Stachel unverletzt heraus, bereit für ein zweites Gemetzel.

12.3 But no second blow was needed;

Doch ein zweiter Schlag war nicht nötig;

the rabble of the Isosceles did the rest of the business for themselves.

12.4

der Pöbel der Isosceles erledigte den Rest der Aufgabe selbst.

Surprised, leader-less, attacked in front by invisible foes, and finding egress cut off by the Convicts behind them, they at once -

12.5

Überrascht, führerlos, vorne von unsichtbaren Feinden angegriffen und von den Sträflingen hinter sich abgeschnitten, verloren sie -

after their manner -

12.6

wie es ihre Art ist -

lost all presence of mind, and raised the cry of "treachery."

12.7

augenblicklich jeden Verstand und riefen "Verrat."

This sealed their fate.

12.8

Damit war ihr Schicksal besiegelt.

Every Isosceles now saw and felt a foe in every other.

12.9

Jeder Isosceles sah und fühlte nun in jedem anderen einen Feind.

In half an hour not one of that vast multitude was living; and the fragments of seven score thousand of the Criminal Class slain by one another's angles attested the triumph of Order.

12.10

In einer halben Stunde lebte nicht ein einziger aus dieser riesigen Schar, und die Bruchstücke von siebenundzwanzigtausend Verbrechern, die durch die Winkel der anderen erschlagen worden waren, bezeugten den Triumph der Ordnung.

13.1   The Circles delayed not to push their victory to the uttermost.

Die Kreise zögerten nicht, um ihren Sieg bis zum Äußersten zu treiben.

13.2   The Working Men they spared but decimated.

Die Werktätigen wurden verschont, aber dezimiert.

13.3   The Militia of the Equilaterals was at once called out, and every Triangle suspected of Irregularity on reasonable grounds, was destroyed by Court Martial, without the formality of exact measurement by the Social Board.

Die Miliz der Equilateralen wurde sofort einberufen, und jedes Dreieck, das aus triftigen Gründen der Unregelmäßigkeit verdächtigt wurde, wurde durch ein Kriegsgericht vernichtet, ohne die Formalität einer genauen Vermessung durch die Sozialbehörde.

13.4   The homes of the Military and Artisan classes were inspected in a course of visitation extending through upwards of a year;

Die Häuser der militärischen und handwerklichen Klassen wurden in einer Visitation, die sich über mehr als ein Jahr erstreckte, inspiziert;

13.5   and during that period every town, village, and hamlet was systematically purged of that excess of the lower orders which had been brought about by the neglect to pay the tribute of Criminals to the Schools and University, and by the violation of other natural Laws of the Constitution of Flatland.

und während dieser Zeit wurde jede Stadt, jedes Dorf und jeder Weiler systematisch von jenem Übermaß an niederen Ordnungen gesäubert, das durch die Vernachlässigung der Tributzahlung von Kriminellen an die Schulen und die Universität und durch die Verletzung anderer natürlicher Gesetze der Verfassung von Flatland entstanden war.

Thus the balance of classes was again restored.   13.6
So wurde das Gleichgewicht der Klassen wiederhergestellt.

Needless to say that henceforth the use of Colour was   14.1
abolished,
Es erübrigt sich zu erwähnen,

and its possession prohibited.   14.2
dass von nun an der Gebrauch der Farbe abgeschafft und
ihr Besitz verboten wurde.

Even the utterance of any word denoting Colour,   14.3
except by the Circles or by qualified scientific
teachers, was punished by a severe penalty.
Sogar die Äußerung eines Wortes, das die Farbe bezeichnet,
wurde, außer von den Zirkeln oder von qualifizierten
wissenschaftlichen Lehrern, mit einer schweren Strafe
belegt.

Only at our University in some of the very highest   14.4
and most esoteric classes -
Nur an unserer Universität in einigen der allerhöchsten
und esoterischsten Klassen -

which I myself have never been privileged to attend -   14.5
die zu besuchen ich selbst nie das Privileg hatte -

it is understood that the sparing use of Colour is still   14.6
sanctioned for the purpose of illustrating some of the
deeper problems of mathematics.
wird der sparsame Gebrauch der Farbe noch gebilligt,
um einige der tieferen Probleme der Mathematik zu
veranschaulichen.

But of this I can only speak from hearsay.   14.7
Aber darüber kann ich nur vom Hörensagen sprechen.

138

15.1   Elsewhere in Flatland, Colour is now non-existent.
        Anderswo im Flachland gibt es keine Farbe mehr.

15.2   The art of making it is known to only one living
        person, the Chief Circle for the time being; and by
        him it is handed down on his death-bed to none but
        his Successor.
        Die Kunst, sie herzustellen, ist nur einer lebenden Person
        bekannt, dem Obersten Zirkel, der sie auf dem Sterbebett
        nur an seinen Nachfolger weitergibt.

15.3   One manufactory alone produces it; and, lest the
        secret should be betrayed, the Workmen are annually
        consumed, and fresh ones introduced.
        Eine einzige Manufaktur stellt es her, und damit das
        Geheimnis nicht verraten wird, werden die Arbeiter jedes
        Jahr vernichtet und neue eingestellt.

15.4   So great is the terror with which even now our
        Aristocracy looks back to the far-distant days of the
        agitation for the Universal Colour Bill.
        So groß ist der Schrecken, mit dem unsere Aristokratie
        selbst jetzt noch auf die weit entfernten Tage der Agitation
        für die Universal Colour Bill zurückblickt.

§ 11 Concerning our Priests

§ 11 Über unsere Priester

1.1 It is high time that I should pass from these brief and discursive notes about things in Flatland to the central event of this book, my initiation into the mysteries of Space.

Es ist höchste Zeit, dass ich von diesen kurzen und diskursiven Notizen über die Dinge im Flachland zum zentralen Ereignis dieses Buches übergehe, meiner Einweihung in die Geheimnisse des Raumes.

1.2 That is my subject;

Das ist mein Thema;

1.3 all that has gone before is merely preface.

alles, was bisher geschah, ist nur ein Vorwort.

2.1 For this reason I must omit many matters of which the explanation would not, I flatter myself, be without interest for my Readers:

Aus diesem Grund muss ich viele Dinge auslassen, deren Erklärung für meine Leser nicht uninteressant wäre, wie ich mir einbilde:

as for example, our method of propelling and stopping ourselves, although destitute of feet; 2.2
wie zum Beispiel unsere Art, uns fortzubewegen und anzuhalten, obwohl wir keine Füße haben;

the means by which we give fixity to structures of wood, stone, or brick, although of course we have no hands, nor can we lay foundations as you can, nor avail ourselves of the lateral pressure of the earth; 2.3
die Mittel, mit denen wir Strukturen aus Holz, Stein oder Ziegeln Festigkeit verleihen, obwohl wir natürlich keine Hände haben und auch keine Fundamente legen können, wie ihr es könnt, und uns den seitlichen Druck der Erde zunutze machen;

the manner in which the rain originates in the intervals between our various zones, so that the northern regions do not intercept the moisture falling on the southern; 2.4
die Art und Weise, wie der Regen in den Intervallen zwischen unseren verschiedenen Zonen entsteht, so dass die nördlichen Regionen die Feuchtigkeit, die auf die südlichen fällt, nicht abfangen;

the nature of our hills and mines, our trees and vegetables, our seasons and harvests; 2.5
die Beschaffenheit unserer Berge und Minen, unserer Bäume und Gemüse, unserer Jahreszeiten und Ernten;

our Alphabet and method of writing, 2.6
unser Alphabet und unsere Schreibweise,

adapted to our linear tablets; 2.7
die an unsere linearen Tafeln angepasst sind;

142

2.8 these and a hundred other details of our physical existence I must pass over, nor do I mention them now except to indicate to my readers that their omission proceeds not from forgetfulness on the part of the author, but from his regard for the time of the Reader.

diese und hundert andere Einzelheiten unserer physischen Existenz muss ich übergehen, und ich erwähne sie jetzt nur, um meine Leser darauf hinzuweisen, dass ihre Auslassung nicht auf Vergesslichkeit des Autors, sondern auf seine Rücksicht auf die Zeit des Lesers zurückzuführen ist.

3.1 Yet before I proceed to my legitimate subject some few final remarks will no doubt be expected by my Readers upon these pillars and mainstays of the Constitution of Flatland, the controllers of our conduct and shapers of our destiny, the objects of universal homage and almost of adoration:

Doch bevor ich zu meinem eigentlichen Thema übergehe, werden meine Leser zweifelsohne einige abschließende Bemerkungen zu diesen Säulen und Hauptpfeilern der Verfassung von Flatland erwarten, den Kontrolleuren unseres Verhaltens und Gestaltern unseres Schicksals, den Objekten universeller Huldigung und fast schon Anbetung:

3.2 need I say that I mean our Circles or Priests?

Muss ich sagen, dass ich unsere Kreise oder Priester meine?

4.1 When I call them Priests, let me not be understood as meaning no more than the term denotes with you.

Wenn ich sie Priester nenne, so darf ich nicht so verstanden werden, dass ich damit nicht mehr meine, als der Begriff bei euch bedeutet.

With us, our Priests are Administrators of all
Business, Art, and Science; 4.2
Bei uns sind unsere Priester Verwalter aller Geschäfte,
Künste und Wissenschaften;

Directors of Trade, Commerce, Generalship, 4.3
Architecture, Engineering, Education,
Statesmanship, Legislature, Morality, Theology;
Leiter des Handels, der Wirtschaft, der Generalität, der
Architektur, des Ingenieurwesens, der Erziehung, des
Staatswesens, der Gesetzgebung, der Moral und der
Theologie;

doing nothing themselves, they are the Causes of 4.4
everything worth doing, that is done by others.
sie tun nichts selbst, sondern sind die Ursache für alles, was
zu tun lohnt, und was von anderen getan wird.

Although popularly everyone called a Circle is 5.1
deemed a Circle, yet among the better educated
Classes it is known that no Circle is really a Circle,
but only a Polygon with a very large number of very
small sides.
Obwohl im Volksmund jeder, der Kreis genannt wird, als
Kreis angesehen wird, ist es unter den besser gebildeten
Klassen bekannt, dass kein Kreis wirklich ein Kreis ist,
sondern nur ein Polygon mit einer sehr großen Anzahl von
sehr kleinen Seiten.

As the number of the sides increases, 5.2
Wenn die Zahl der Seiten zunimmt,

a Polygon approximates to a Circle; 5.3
nähert sich ein Polygon einem Kreis an;

5.4 and, when the number is very great indeed, say
for example three or four hundred, it is extremely
difficult for the most delicate touch to feel any
polygonal angles.

und wenn die Zahl sehr groß ist, zum Beispiel drei - oder
vierhundert, ist es für die zarteste Berührung äußerst
schwierig, irgendwelche polygonalen Winkel zu fühlen.

5.5 Let me say rather it would be difficult:

Ich würde eher sagen, es wäre schwierig:

5.6 for, as I have shown above, Recognition by Feeling
is unknown among the highest society, and to feel a
Circle would be considered a most audacious insult.

denn, wie ich oben gezeigt habe, ist das Erkennen durch
Fühlen in der höchsten Gesellschaft unbekannt, und einen
Kreis zu fühlen, würde als eine höchst dreiste Beleidigung
angesehen werden.

5.7 This habit of abstention from Feeling in the best
society enables a Circle the more easily to sustain the
veil of mystery in which, from his earliest years, he is
wont to enwrap the exact nature of his Perimeter or
Circumference.

Diese Gewohnheit, sich in der besten Gesellschaft des
Fühlens zu enthalten, macht es einem Zirkel leichter, den
Schleier des Geheimnisses aufrechtzuerhalten, in den er
von frühester Jugend an die genaue Beschaffenheit seines
Umfangs zu hüllen pflegt.

5.8 Three feet being the average Perimeter it follows that,
in a Polygon of three hundred sides each side will be
no more than the hundredth part of a foot in length,
or little more than the tenth part of an inch;

Da drei Fuß der durchschnittliche Umfang sind, folgt
daraus, dass in einem Polygon von dreihundert Seiten jede
Seite nicht mehr als den hundertsten Teil eines Fußes oder
kaum mehr als den zehnten Teil eines Zolls lang ist;

and in a Polygon of six or seven hundred sides
the sides are little larger than the diameter of a
Spaceland pin-head.

5.9

und in einem Polygon von sechs - oder siebenhundert
Seiten sind die Seiten kaum größer als der Durchmesser
eines Spaceland-Nadelkopfes.

It is always assumed, by courtesy, that the Chief
Circle for the time being has ten thousand sides.

5.10

Aus Höflichkeit wird immer angenommen, dass der
Hauptkreis vorläufig zehntausend Seiten hat.

The ascent of the posterity of the Circles in the
social scale is not restricted, as it is among the lower
Regular classes, by the Law of Nature which limits
the increase of sides to one in each generation.

6.1

Der Aufstieg der Nachkommenschaft der Kreise in der
sozialen Skala wird nicht, wie bei den unteren regulären
Klassen, durch das Naturgesetz beschränkt, das die
Zunahme der Seiten in jeder Generation auf eine begrenzt.

If it were so, the number of sides in the Circle would
be a mere question of pedigree and arithmetic, and
the four hundred and ninety-seventh descendant
of an Equilateral Triangle would necessarily be a
polygon with five hundred sides.

6.2

Wäre es so, wäre die Anzahl der Seiten des Kreises eine
reine Frage der Abstammung und der Arithmetik, und
der vierhundertsiebenundneunzigste Nachkomme eines
gleichseitigen Dreiecks wäre notwendigerweise ein Vieleck
mit fünfhundert Seiten.

But this is not the case.

6.3

Aber das ist nicht der Fall.

6.4 Nature's Law prescribes two antagonistic decrees affecting Circular propagation; first, that as the race climbs higher in the scale of development, so development shall proceed at an accelerated pace; second, that in the same proportion, the race shall become less fertile.

Das Naturgesetz schreibt zwei antagonistische Dekrete vor, die sich auf die kreisförmige Vermehrung auswirken: erstens, dass die Entwicklung in dem Maße beschleunigt wird, wie die Rasse auf der Entwicklungsskala nach oben klettert, und zweitens, dass die Rasse im gleichen Verhältnis weniger fruchtbar wird.

6.5 Consequently in the home of a Polygon of four or five hundred sides it is rare to find a son;

Folglich findet man im Haus eines Polygons von vier - oder fünfhundert Seiten nur selten einen Sohn;

6.6 more than one is never seen.

mehr als einen sieht man nie.

6.7 On the other hand the son of a five-hundred-sided Polygon has been known to possess five hundred and fifty,

Andererseits ist es bekannt,

6.8 or even six hundred sides.

dass der Sohn eines fünfhunderteckigen Polygons fünfhundertfünfzig oder sogar sechshundert Seiten hat.

7.1 Art also steps in to help the process of higher Evolution.

Auch die Kunst unterstützt den Prozess der höheren Evolution.

Our physicians have discovered that the small and 7.2
tender sides of an infant Polygon of the higher
class can be fractured, and his whole frame re-set,
with such exactness that a Polygon of two or three
hundred sides sometimes — by no means always,
for the process is attended with serious risk —
but sometimes overleaps two or three hundred
generations, and as it were double at a stroke, the
number of his progenitors and the nobility of his
descent.

Unsere Ärzte haben entdeckt, dass die kleinen und
zarten Seiten eines jungen Polygons der höheren Klasse
zerbrochen und sein ganzes Gerüst mit solcher Genauigkeit
neu eingestellt werden kann, dass ein Polygon von zwei -
oder dreihundert Seiten manchmal - keineswegs immer,
denn der Prozess ist mit ernsthaften Risiken verbunden
- aber manchmal zwei - oder dreihundert Generationen
überspringt und sozusagen auf einen Schlag die Zahl seiner
Vorfahren und den Adel seiner Abstammung verdoppelt.

Many a promising child is sacrificed in this way. 8.1

So manches vielversprechende Kind wird auf diese Weise
geopfert.

Scarcely one out of ten survives. 8.2

Kaum eines von zehn überlebt.

8.3 Yet so strong is the parental ambition among those Polygons who are, as it were, on the fringe of the Circular class, that it is very rare to find the Nobleman of that position in society, who has neglected to place his first-born in the Circular Neo-Therapeutic Gymnasium before he has attained the age of a month.

Doch ist der elterliche Ehrgeiz unter den Polygonen, die sozusagen am Rande der zirkulären Klasse stehen, so stark, dass es sehr selten ist, dass ein Adliger dieser gesellschaftlichen Position es versäumt, seinen Erstgeborenen in das zirkuläre neotherapeutische Gymnasium zu schicken, bevor er einen Monat alt ist.

9.1 One year determines success or failure.

Ein Jahr entscheidet über Erfolg oder Misserfolg.

9.2 At the end of that time the child has, in all probability, added one more to the tombstones that crowd the Neo-Therapeutic Cemetery;

Am Ende dieser Zeit hat das Kind aller Wahrscheinlichkeit nach einen weiteren Grabstein zu den Grabsteinen hinzugefügt, die den Neo-Therapeutischen Friedhof bevölkern;

9.3 but on rare occasional a glad procession bears back the little one to his exultant parents, no longer a Polygon, but a Circle, at least by courtesy:

aber in seltenen Fällen bringt eine fröhliche Prozession das Kleine zu seinen jubelnden Eltern zurück, nicht länger ein Polygon, sondern ein Kreis, zumindest der Höflichkeit halber:

and a single instance of so blessed a result induces 9.4
multitudes of Polygonal parents to submit to similar
domestic sacrifice, which have a dissimilar issue.

und ein einziger Fall eines so gesegneten Ergebnisses
veranlasst Scharen von Polygonal-Eltern, sich ähnlichen
häuslichen Opfern zu unterziehen, die einen ungleichen
Ausgang haben.

§ 12 Of the Doctrine of our Priests

§ 12 Von der Lehre unserer Priester

1.1 As to the doctrine of the Circles it may briefly be summed up in a single maxim:

Die Lehre der Kreise lässt sich kurz in einer einzigen Maxime zusammenfassen:

1.2 "Attend to your Configuration."

"Achte auf deine Konfiguration."

1.3 Whether political, ecclesiastical, or moral, all their teaching has for its object the improvement of individual and collective Configuration -

Ob politisch, kirchlich oder moralisch, alle ihre Lehren haben die Verbesserung der individuellen und kollektiven Konfiguration zum Ziel -

1.4 with special reference of course to the Configuration of the Circles,

natürlich mit besonderem Bezug auf die Konfiguration der Kreise,

1.5 to which all other objects are subordinated.

der alle anderen Ziele untergeordnet sind.

It is the merit of the Circles that they have effectually suppressed those ancient heresies which led men to waste energy and sympathy in the vain belief that conduct depends upon will, effort, training, encouragement, praise, or anything else but Configuration. 2.1

Es ist das Verdienst der Zirkel, dass sie jene alten Irrlehren wirksam unterdrückt haben, die die Menschen dazu verleiteten, Energie und Sympathie in dem eitlen Glauben zu verschwenden, dass das Verhalten vom Willen, der Anstrengung, der Ausbildung, der Ermutigung, dem Lob oder von etwas anderem als der Konfiguration abhängt.

It was Pantocyclus - the illustrious Circle mentioned above, 2.2

Es war Pantocyclus - der berühmte Zirkel,

as the queller of the Colour Revolt - 2.3

der oben als Unterdrücker der Farbenrevolte erwähnt wurde -

who first convinced mankind that Configuration makes the man; 2.4

der die Menschheit als Erster davon überzeugte, dass die Konfiguration den Menschen ausmacht;

that if, for example, you are born an Isosceles with two uneven sides, you will assuredly go wrong unless you have them made even - 2.5

dass, wenn du zum Beispiel als Gleichschenkel mit zwei ungleichen Seiten geboren wirst, du mit Sicherheit auf die schiefe Bahn gerätst, wenn du sie nicht ausgleichen lässt -

for which purpose you must go to the Isosceles Hospital; 2.6

wofür du dich in das Krankenhaus der Gleichschenkel begeben musst;

2.7 similarly, if you are a Triangle, or Square, or even a Polygon, born with any Irregularity, you must be taken to one of the Regular Hospitals to have your disease cured;

Wenn du als Dreieck oder Quadrat oder sogar als Vieleck mit einer Unregelmäßigkeit geboren wirst, musst du in eines der regulären Krankenhäuser gebracht werden, um deine Krankheit heilen zu lassen;

2.8 otherwise you will end your days in the State Prison or by the angle of the State Executioner.

andernfalls wirst du deine Tage im Staatsgefängnis oder im Winkel des staatlichen Henkers beenden.

3.1 All faults or defects, from the slightest misconduct to the most flagitious crime, Pantocyclus attributed to some deviation from perfect Regularity in the bodily figure, caused perhaps (if not congenital) by some collision in a crowd; by neglect to take exercise, or by taking too much of it; or even by a sudden change of temperature, resulting in a shrinkage or expansion in some too susceptible part of the frame.

Alle Fehler oder Defekte, vom geringsten Fehlverhalten bis zum schändlichsten Verbrechen, führte Pantocyclus auf eine Abweichung von der vollkommenen Regelmäßigkeit der körperlichen Gestalt zurück, verursacht vielleicht (wenn nicht angeboren) durch einen Zusammenstoß in einer Menschenmenge, durch Vernachlässigung der Bewegung oder durch zu viel davon, oder sogar durch einen plötzlichen Temperaturwechsel, der zu einer Schrumpfung oder Ausdehnung in einem zu anfälligen Teil des Körpers führt.

Therefore, concluded that illustrious Philosopher, 3.2
neither good conduct nor bad conduct is a fit subject,
in any sober estimation, for either praise or blame.
Deshalb, so schloss der berühmte Philosoph, ist weder
gutes noch schlechtes Benehmen bei nüchterner
Betrachtung ein geeigneter Gegenstand für Lob oder Tadel.

For why should you praise, for example, the integrity 3.3
of a Square who faithfully defends the interests of his
client, when you ought in reality rather to admire the
exact precision of his right angles?
Denn warum sollte man zum Beispiel die Integrität eines
Anwalts loben, der die Interessen seines Mandanten treu
verteidigt, wenn man in Wirklichkeit eher die exakte
Präzision seiner rechten Winkel bewundern sollte?

Or again, why blame a lying, thievish Isosceles, when 3.4
you ought rather to deplore the incurable inequality
of his sides?
Oder warum sollte man ein verlogenes, diebisches
Gleichschenkel tadeln, wenn man eher die unheilbare
Ungleichheit seiner Seiten beklagen sollte?

Theoretically, 4.1
Theoretisch ist diese Doktrin unbestreitbar,

this doctrine is unquestionable; but it has practical 4.2
drawbacks.
aber sie hat praktische Nachteile.

154

4.3 In dealing with an Isosceles, if a rascal pleads that he cannot help stealing because of his unevenness, you reply that for that very reason, because he cannot help being a nuisance to his neighbours, you, the Magistrate, cannot help sentencing him to be consumed -

Wenn ein Gauner sich darauf beruft, dass er wegen seiner Ungleichheit nicht anders kann, als zu stehlen, dann antwortet man ihm, dass man ihn gerade deshalb, weil er seinen Nachbarn ein Ärgernis ist, zum Verzehr verurteilen muss -

4.4 and there's an end of the matter.

und damit ist die Sache erledigt.

4.5 But in little domestic difficulties, when the penalty of consumption, or death, is out of the question, this theory of Configuration sometimes comes in awkwardly;

Aber bei kleinen häuslichen Schwierigkeiten, wenn die Strafe des Verzehrs oder des Todes nicht in Frage kommt, kommt diese Theorie der Konfiguration manchmal unangenehm zum Tragen;

and I must confess that occasionally when one of my
own Hexagonal Grandsons pleads as an excuse for his
disobedience that a sudden change of temperature
has been too much for his Perimeter, and that I ought
to lay the blame not on him but on his Configuration,
which can only be strengthened by abundance of the
choicest sweetmeats, I neither see my way logically to
reject, nor practically to accept, his conclusions.

4.6

und ich muss gestehen, dass ich gelegentlich, wenn einer
meiner eigenen sechseckigen Enkel als Entschuldigung
für seinen Ungehorsam vorbringt, dass ein plötzlicher
Temperaturwechsel zu viel für seinen Perimeter gewesen
sei, und dass ich die Schuld nicht ihm, sondern seiner
Konfiguration zuschreiben sollte, die nur durch eine Fülle
der erlesensten Süßigkeiten gestärkt werden kann, ich
weder einen Weg sehe, seine Schlussfolgerungen logisch
zurückzuweisen, noch sie praktisch zu akzeptieren.

For my own part, I find it best to assume that a
good sound scolding or castigation has some latent
and strengthening influence on my Grandson's
Configuration;

5.1

Ich für meinen Teil halte es für das Beste, anzunehmen,
dass eine gute, gesunde Schelte oder Züchtigung einen
latenten und stärkenden Einfluss auf die Konfiguration
meines Enkels hat;

though I own that I have no grounds for thinking so.

5.2

obwohl ich zugeben muss, dass ich keine Gründe habe, dies
zu glauben.

At all events I am not alone in my way of extricating
myself from this dilemma;

5.3

Jedenfalls stehe ich mit meiner Art, mich aus diesem
Dilemma zu befreien, nicht allein;

5.4 for I find that many of the highest Circles, sitting as Judges in law courts, use praise and blame towards Regular and Irregular Figures;

denn ich stelle fest, dass viele der höchsten Kreise, die als Richter an den Gerichten sitzen, Lob und Tadel gegenüber regulären und irregulären Figuren anwenden;

5.5 and in their homes I know by experience that, when scolding their children, they speak about

und ich weiß aus Erfahrung, dass sie in ihren Häusern, wenn sie ihre Kinder schelten, so vehement und leidenschaftlich über

5.6 "right" and "wrong"

"richtig" und "falsch"

5.7 as vehemently and passionately as if they believe that these names represented real existence, and that a human Figure is really capable of choosing between them.

sprechen, als ob sie glaubten, dass diese Namen die reale Existenz repräsentierten und dass eine menschliche Figur wirklich in der Lage sei, zwischen ihnen zu wählen.

6.1 Constantly carrying out their policy of making Configuration the leading idea in every mind, the Circles reverse the nature of that Commandment which in Spaceland regulates the relations between parents and children.

Indem sie ständig ihre Politik verfolgen, die Konfiguration zum Leitgedanken in jedem Geist zu machen, kehren die Kreise die Natur des Gebots um, das in Spaceland die Beziehungen zwischen Eltern und Kindern regelt.

6.2 With you, children are taught to honour their parents;

Bei euch werden die Kinder gelehrt, ihre Eltern zu ehren;

with us - next to the Circles,   6.3
bei uns - neben den Kreisen,

who are the chief object of universal homage -   6.4
die das Hauptobjekt der universellen Ehrerbietung sind -

a man is taught to honour his Grandson, if he has   6.5
one;
wird ein Mann gelehrt, seinen Enkel zu ehren, wenn er
einen hat;

or, if not, his Son.   6.6
oder, wenn nicht, seinen Sohn.

By "honour," however, is by no means mean   6.7
"indulgence," but a reverent regard for their highest
interests: and the Circles teach that the duty of
fathers is to subordinate their own interests to those
of posterity, thereby advancing the welfare of the
whole State as well as that of their own immediate
descendants.
Die Kreise lehren, dass es die Pflicht der Väter ist, ihre
eigenen Interessen denen der Nachkommenschaft
unterzuordnen und dadurch das Wohlergehen des ganzen
Staates wie auch das ihrer eigenen Nachkommen zu
fördern.

The weak point in the system of the Circles -   7.1
Der Schwachpunkt im System der Kreise -

if a humble Square may venture to speak of anything   7.2
Circular as containing any element of weakness -
wenn ein bescheidener Spießer es wagen darf, von etwas
Kreisförmigem zu sprechen, das ein Element der Schwäche
enthält -

7.3 appears to me to be found in their relations with
Women.

scheint mir in ihren Beziehungen zu den Frauen zu liegen.

8.1 As it is of the utmost importance for Society that
Irregular births should be discouraged, it follows
that no Woman who has any Irregularities in her
ancestry is a fit partner for one who desires that his
posterity should rise by regular degrees in the social
scale.

Da es für die Gesellschaft von größter Wichtigkeit ist, dass
irreguläre Geburten verhindert werden, folgt daraus, dass
keine Frau, die irgendwelche Unregelmäßigkeiten in ihrer
Abstammung hat, ein geeigneter Partner für jemanden
ist, der wünscht, dass seine Nachkommenschaft durch
regelmäßige Stufen in der sozialen Skala aufsteigt.

9.1 Now the Irregularity of a Male is a matter of
measurement;

Nun ist die Unregelmäßigkeit eines Mannes eine Sache der
Messung;

9.2 but as all Women are straight, and therefore
visibly Regular so to speak, one has to devise some
other means of ascertaining what I may call their
invisible Irregularity, that is to say their potential
Irregularities as regards possible offspring.

da aber alle Frauen gerade und daher sozusagen sichtbar
regelmäßig sind, muss man sich ein anderes Mittel
ausdenken, um das zu ermitteln, was ich ihre unsichtbare
Unregelmäßigkeit nennen könnte, d.h. ihre potenziellen
Unregelmäßigkeiten in Bezug auf mögliche Nachkommen.

9.3 This is effected by carefully-kept pedigrees,

Dies geschieht durch sorgfältig geführte Stammbäume,

which are preserved and supervised by the State; 9.4

die vom Staat aufbewahrt und überwacht werden;

and without a certified pedigree no Woman is 9.5
allowed to marry.

und ohne einen beglaubigten Stammbaum darf keine Frau
heiraten.

Now it might have been supposed the a Circle — 10.1
proud of his ancestry and regardful for a posterity
which might possibly issue hereafter in a Chief
Circle — would be more careful than any other to
choose a wife who had no blot on her escutcheon.

Nun hätte man annehmen können, dass ein Zirkel,
der stolz auf seine Abstammung ist und sich um eine
Nachkommenschaft sorgt, die möglicherweise später in
einem Oberzirkel aufgehen wird, sorgfältiger als jeder
andere darauf achtet, eine Frau zu wählen, die keinen
Makel in ihrem Wappen hat.

But it is not so. 10.2

Aber so ist es nicht.

The care in choosing a Regular wife appears to 10.3
diminish as one rises in the social scale.

Die Sorgfalt bei der Wahl einer regulären Ehefrau scheint
abzunehmen, je höher man auf der sozialen Skala aufsteigt.

Nothing would induce an aspiring Isosceles, who 10.4
has hopes of generating an Equilateral Son, to take a
wife who reckoned a single Irregularity among her
Ancestors;

Nichts würde einen aufstrebenden Gleichschenkel,
der hofft, einen gleichseitigen Sohn zu zeugen, dazu
veranlassen, eine Frau zu nehmen, die eine einzige
Unregelmäßigkeit unter ihren Vorfahren hat;

10.5 a Square or Pentagon, who is confident that his family is steadily on the rise, does not inquire above the five-hundredth generation;

ein Quadrat oder Fünfeck, das zuversichtlich ist, dass seine Familie stetig aufsteigt, erkundigt sich nicht über die fünfhundertste Generation hinaus;

10.6 a Hexagon or Dodecagon is even more careless of the wife's pedigree;

Ein Sechseck oder Zwölfeck ist sogar noch nachlässiger, was den Stammbaum der Frau angeht;

10.7 but a Circle has been known deliberately to take a wife who has had an Irregular Great-Grandfather, and all because of some slight superiority of lustre, or because of the charms of a low voice -

aber ein Kreis ist dafür bekannt, dass er sich absichtlich eine Frau nimmt, die einen unregelmäßigen Urgroßvater hatte, und das alles wegen einer leichten Überlegenheit des Glanzes oder wegen der Reize einer tiefen Stimme -

10.8 which, with us, even more than with you, is thought "an excellent thing in a Woman."

was bei uns, mehr noch als bei euch, als "eine ausgezeichnete Sache bei einer Frau" gilt. "

11.1 Such ill-judged marriages are, as might be expected, barren, if they do not result in positive Irregularity or in diminution of sides;

Solche unüberlegten Ehen sind, wie zu erwarten, unfruchtbar, wenn sie nicht zu einer positiven Unregelmäßigkeit oder zu einer Verkleinerung der Seiten führen;

but none of these evils have hitherto provided
sufficiently deterrent.

11.2

aber keines dieser Übel hat bisher genügend Abschreckung
geboten.

The loss of a few sides in a highly-developed Polygon
is not easily noticed, and is sometimes compensated
by a successful operation in the Neo-Therapeutic
Gymnasium, as I have described above;

11.3

Der Verlust einiger Seiten in einem hochentwickelten
Polygon ist nicht leicht zu bemerken und wird manchmal
durch eine erfolgreiche Operation im Neo-Therapeutischen
Gymnasium kompensiert, wie ich oben beschrieben habe;

and the Circles are too much disposed to acquiesce in
infecundity as a law of the superior development.

11.4

und die Kreise sind zu sehr geneigt, Unfruchtbarkeit als ein
Gesetz der höheren Entwicklung hinzunehmen.

Yet, if this evil be not arrested, the gradual
diminution of the Circular class may soon become
more rapid, and the time may not be far distant
when, the race being no longer able to produce a
Chief Circle, the Constitution of Flatland must fall.

11.5

Doch wenn diesem Übel nicht Einhalt geboten wird,
kann sich die allmähliche Abnahme der Kreisklasse bald
beschleunigen, und der Zeitpunkt ist vielleicht nicht mehr
weit entfernt, an dem die Rasse nicht mehr in der Lage ist,
einen Hauptkreis hervorzubringen, und die Verfassung von
Flachland untergehen muss.

One other word of warning suggest itself to me,

12.1

Ein weiteres Wort der Warnung drängt sich mir auf,

though I cannot so easily mention a remedy;

12.2

obwohl ich nicht so leicht ein Heilmittel nennen kann;

12.3 **and this also refers to our relations with Women.**
und dieses bezieht sich auch auf unsere Beziehungen zu den Frauen.

12.4 **About three hundred years ago, it was decreed by the Chief Circle that, since women are deficient in Reason but abundant in Emotion, they ought no longer to be treated as rational, nor receive any mental education.**
Vor etwa dreihundert Jahren wurde vom obersten Zirkel beschlossen, dass Frauen, da sie einen Mangel an Vernunft, aber einen Überfluss an Gefühlen haben, nicht mehr als vernünftig behandelt werden sollten und keine geistige Bildung erhalten sollten.

12.5 **The consequence was that they were no longer taught to read, nor even to master Arithmetic enough to enable them to count the angles of their husband or children;**
Das hatte zur Folge, dass sie nicht mehr lesen lernten, ja nicht einmal die Arithmetik so weit beherrschten, dass sie die Winkel ihres Mannes oder ihrer Kinder zählen konnten;

12.6 **and hence they sensibly declined during each generation in intellectual power.**
und so nahmen ihre intellektuellen Fähigkeiten im Laufe jeder Generation spürbar ab.

12.7 **And this system of female non-education or quietism still prevails.**
Und dieses System der weiblichen Nicht-Bildung oder des Quietismus herrscht immer noch vor.

My fear is that, with the best intentions, this policy has been carried so far as to react injuriously on the Male Sex.

13.1

Ich befürchte, dass diese Politik mit den besten Absichten so weit getrieben wurde, dass sie sich schädlich auf das männliche Geschlecht auswirkt.

For the consequence is that, as things now are, we Males have to lead a kind of bi-lingual, and I may almost say bimental, existence.

14.1

Denn die Konsequenz ist, dass wir Männer, so wie die Dinge jetzt sind, eine Art zweisprachige, ich möchte fast sagen bimental, Existenz führen müssen.

With Women, we speak of "love,"

14.2

Mit den Frauen, sprechen wir von "Liebe,"

"duty,"

14.3

"Pflicht,"

"right,"

14.4

"Recht,"

"wrong,"

14.5

"Unrecht,"

"pity,"

14.6

"Mitleid,"

"hope,"

14.7

"Hoffnung"

14.8 and other irrational and emotional conceptions, which have no existence, and the fiction of which has no object except to control feminine exuberances;

und anderen irrationalen und gefühlsmäßigen Vorstellungen, die keine Existenz haben und deren Fiktion keinen anderen Zweck hat, als die weiblichen Überschwenglichkeiten zu kontrollieren;

14.9 but among ourselves, and in our books, we have an entirely different vocabulary and I may also say, idiom.

aber unter uns und in unseren Büchern haben wir ein ganz anderes Vokabular und, ich darf sagen, eine andere Sprache.

14.10 "Love" them becomes "the anticipation of benefits"; "duty" becomes "necessity" or "fitness"; and other words are correspondingly transmuted.

Aus "Liebe" wird "die Erwartung von Vorteilen," aus "Pflicht" wird "Notwendigkeit" oder "Eignung," und andere Wörter werden entsprechend umgewandelt.

14.11 Moreover, among Women, we use language implying the utmost deference for their Sex;

Darüber hinaus verwenden wir unter den Frauen eine Sprache, die die größte Ehrerbietung für ihr Geschlecht impliziert;

14.12 and they fully believe that the Chief Circle Himself is not more devoutly adored by us than they are:

und sie glauben fest daran, dass der Oberste Kreis selbst von uns nicht mehr verehrt wird als sie:

165

but behind their backs they are both regarded and
spoken of — by all but the very young — as being
little better than "mindless organisms."

14.13

aber hinter ihrem Rücken werden sie von allen außer den
ganz Jungen als kaum besser als "geistlose Organismen"
angesehen und bezeichnet."

Our Theology also in the Women's chambers is
entirely different from our Theology elsewhere.

15.1

Unsere Theologie auch in den Frauenkammern
unterscheidet sich völlig von unserer Theologie anderswo.

Now my humble fear is that this double training, in
language as well as in thought, imposes somewhat
too heavy a burden upon the young, especially when,
at the age of three years old, they are taken from
the maternal care and taught to unlearn the old
language -

16.1

Meine bescheidene Befürchtung ist nun, dass diese
doppelte Ausbildung, sowohl in der Sprache als auch
im Denken, den Jungen eine etwas zu schwere Last
auferlegt, vor allem, wenn sie im Alter von drei Jahren
der mütterlichen Fürsorge entzogen und gelehrt werden,
die alte Sprache zu verlernen -

except for the purpose of repeating it in the presence
of the Mothers and Nurses -

16.2

außer zu dem Zweck, sie in Gegenwart der Mütter und
Krankenschwestern zu wiederholen -

and to learn the vocabulary and idiom of science.

16.3

und das Vokabular und die Sprache der Wissenschaft zu
lernen.

166

16.4 Already methinks I discern a weakness in the grasp of mathematical truth at the present time as compared with the more robust intellect of our ancestors three hundred years ago.

Ich glaube, ich erkenne schon jetzt eine Schwäche im Verständnis der mathematischen Wahrheit, verglichen mit dem robusteren Intellekt unserer Vorfahren vor dreihundert Jahren.

16.5 I say nothing of the possible danger if a Woman should ever surreptitiously learn to read and convey to her Sex the result of her perusal of a single popular volume;

Ich spreche nicht von der möglichen Gefahr, wenn eine Frau jemals heimlich lesen lernen und ihrem Geschlecht das Ergebnis ihrer Lektüre eines einzigen populären Bandes mitteilen sollte;

16.6 nor of the possibility that the indiscretion or disobedience of some infant Male might reveal to a Mother the secrets of the logical dialect.

auch nicht von der Möglichkeit, dass die Indiskretion oder der Ungehorsam eines männlichen Kleinkindes einer Mutter die Geheimnisse des logischen Dialekts offenbaren könnte.

16.7 On the simple ground of the enfeebling of the male intellect,

Aus dem einfachen Grund der Schwächung des männlichen Intellekts richte ich diesen bescheidenen Appell an die höchsten Autoritäten,

16.8 I rest this humble appeal to the highest Authorities to reconsider the regulations of Female education.

die Vorschriften für die weibliche Erziehung zu überdenken.

167

PART II · OTHER WORLDS

ZWEITER TEIL · ANDERE WELTEN

Introduction

Einleitung

"O brave new worlds,

"Oh, schöne neue Welten,

That have such people in them!"

in denen es solche Menschen gibt!"

§ 13 How I had a Vision of Lineland

§ 13 Wie ich eine Vision von Lineland hatte

1.1 **It was the last day but one of the 1999th year of our era, and the first day of the Long Vacation.**

Es war der vorletzte Tag des Jahres 1999 unserer Ära und der erste Tag der langen Ferien.

1.2 **Having amused myself till a late hour with my favourite recreation of Geometry, I had retired to rest with an unsolved problem in my mind.**

Nachdem ich mich bis spät in die Nacht mit meiner Lieblingsbeschäftigung, der Geometrie, amüsiert hatte, zog ich mich mit einem ungelösten Problem im Kopf zur Ruhe zurück.

1.3 **In the night I had a dream.**

In der Nacht hatte ich einen Traum.

I saw before me a vast multitude of small Straight Lines (which I naturally assumed to be Women) interspersed with other Beings still smaller and of the nature of lustrous points -

2.1

Ich sah vor mir eine ungeheure Menge kleiner gerader Linien (die ich natürlich für Frauen hielt), durchsetzt mit anderen Wesen, die noch kleiner und von der Art glänzender Punkte waren -

all moving to and fro in one and the same Straight Line, and, as nearly as I could judge, with the same velocity.

2.2

alle bewegten sich in ein und derselben geraden Linie hin und her, und, soweit ich es beurteilen konnte, mit derselben Geschwindigkeit.

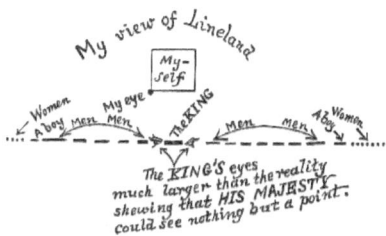

A noise of confused, multitudinous chirping or twittering issued from them at intervals as long as they were moving;

4.1

Solange sie sich bewegten, ertönte in Abständen ein wirres, vielstimmiges Zirpen oder Zwitschern;

but sometimes they ceased from motion, and then all was silence.

4.2

aber manchmal hörten sie auf, sich zu bewegen, und dann war alles still.

174

5.1 Approaching one of the largest of what I thought to be Women, I accosted her, but received no answer.

Ich näherte mich einer der größten der Frauen, die ich für Frauen hielt, und sprach sie an, erhielt aber keine Antwort.

5.2 A second and third appeal on my part were equally ineffectual.

Ein zweiter und dritter Appell meinerseits waren ebenso erfolglos.

5.3 Losing patience at what appeared to me intolerable rudeness, I brought my mouth to a position full in front of her mouth so as to intercept her motion, and loudly repeated my question,

Ich verlor die Geduld angesichts der mir unerträglich erscheinenden Unhöflichkeit und brachte meinen Mund direkt vor ihren Mund, um ihre Bewegung zu unterbrechen, und wiederholte laut meine Frage:

5.4 "Woman, what signifies this concourse, and this strange and confused chirping, and this monotonous motion to and fro in one and the same Straight Line?"

"Frau, was bedeutet diese Ansammlung, dieses seltsame und verworrene Gezwitscher und diese monotone Hin - und Herbewegung in ein und derselben geraden Linie?"

6.1 "I am no Woman," replied the small Line:

"Ich bin keine Frau," antwortete die kleine Linie:

6.2 "I am the Monarch of the world. But thou,

"ich bin der Monarch der Welt. Aber du,

6.3 whence intrudest thou into my realm of Lineland?"

woher dringst du in mein Reich Lineland ein?"

Receiving this abrupt reply, I begged pardon if I had in any way startled or molested his Royal Highness;

6.4

Als ich diese schroffe Antwort erhielt, bat ich um Verzeihung, falls ich seine königliche Hoheit in irgendeiner Weise erschreckt oder belästigt haben sollte;

and describing myself as a stranger I besought the King to give me some account of his dominions.

6.5

und da ich mich als Fremder bezeichnete, bat ich den König, mir etwas über sein Herrschaftsgebiet zu erzählen.

But I had the greatest possible difficulty in obtaining any information on points that really interested me;

6.6

Ich hatte jedoch die größten Schwierigkeiten, Informationen über Punkte zu erhalten, die mich wirklich interessierten;

for the Monarch could not refrain from constantly assuming that whatever was familiar to him must also be known to me and that I was simulating ignorance in jest.

6.7

denn der Monarch konnte sich nicht enthalten, ständig anzunehmen, dass alles, was ihm bekannt war, auch mir bekannt sein müsse und dass ich Unwissenheit im Scherz vortäusche.

However, by preserving questions I elicited the following facts:

6.8

Durch bewahrende Fragen entlockte ich ihm jedoch die folgenden Fakten:

It seemed that this poor ignorant Monarch -

7.1

Es schien, dass dieser arme, unwissende Monarch -

as he called himself -

7.2

wie er sich selbst nannte -

176

7.3 **was persuaded that the Straight Line which he called his Kingdom, and in which he passed his existence, constituted the whole of the world, and indeed the whole of Space.**

davon überzeugt war, dass die gerade Linie, die er sein Königreich nannte und in der er sein Dasein fristete, die ganze Welt, ja den ganzen Raum ausmachte.

7.4 **Not being able either to move or to see, save in his Straight Line, he had no conception of anything out of it.**

Da er sich weder bewegen noch sehen konnte, außer in seiner geraden Linie, hatte er keine Vorstellung von irgendetwas außerhalb dieser Linie.

7.5 **Though he had heard my voice when I first addressed him, the sounds had come to him in a manner so contrary to his experience that he had made no answer,**

Obwohl er meine Stimme gehört hatte, als ich ihn zum ersten Mal ansprach, waren die Töne auf eine Weise zu ihm gekommen, die seiner Erfahrung so sehr widersprach, dass er keine Antwort gab,

7.6 **"seeing no man," as he expressed it,**

"da er keinen Menschen sah," wie er sich ausdrückte,

7.7 **"and hearing a voice as it were from my own intestines."**

"und eine Stimme hörte, die aus meinen eigenen Eingeweiden kam."

Until the moment when I placed my mouth in his 7.8
World, he had neither seen me, nor heard anything
except confused sounds beating against, what I called
his side, but what he called his inside or stomach;

Bis zu dem Augenblick, als ich meinen Mund in seine Welt
setzte, hatte er mich weder gesehen noch irgendetwas
anderes gehört als wirre Töne, die gegen das schlugen, was
ich seine Seite nannte, er aber sein Inneres oder seinen
Magen;

nor had he even now the least conception of the 7.9
region from which I had come.

und er hatte auch jetzt nicht die geringste Vorstellung von
der Gegend, aus der ich gekommen war.

Outside his World, or Line, all was a blank to him; 7.10
nay, not even a blank, for a blank implies Space; say,
rather, all was non-existent.

Außerhalb seiner Welt oder Linie war alles für ihn ein
Nichts, ja nicht einmal ein Nichts, denn ein Nichts bedeutet
Raum; sagen wir lieber, alles war nicht existent.

His subjects - 8.1

Seine Probanden -

of whom the small Lines were men and the Points 8.2
Women -

die kleinen Linien waren Männer und die Punkte Frauen -

were all alike confined in motion and eyesight to that 8.3
single Straight Line,

waren alle in ihrer Bewegung und ihrem Sehvermögen auf
diese eine gerade Linie beschränkt,

which was their World. 8.4

die ihre Welt war.

8.5 It need scarcely be added that the whole of their horizon was limited to a Point;

Es braucht kaum hinzugefügt zu werden, dass ihr gesamter Horizont auf einen Punkt beschränkt war;

8.6 nor could any one ever see anything but a Point.

auch konnte niemand jemals etwas anderes als einen Punkt sehen.

8.7 Man, woman, child, thing -

Ein Mann, eine Frau, ein Kind, ein Gegenstand -

8.8 each as a Point to the eye of a Linelander.

jeder war ein Punkt für das Auge eines Linelanders.

8.9 Only by the sound of the voice could sex or age be distinguished.

Nur am Klang der Stimme konnte man Geschlecht oder Alter unterscheiden.

8.10 Moreover, as each individual occupied the whole of the narrow path, so to speak, which constituted his Universe, and no one could move to the right or left to make way for passers by, it followed that no Linelander could ever pass another.

Und da jedes Individuum sozusagen den gesamten schmalen Pfad belegte, der sein Universum ausmachte, und niemand nach rechts oder links ausweichen konnte, um Passanten Platz zu machen, folgte daraus, dass kein Linelander jemals an einem anderen vorbeikommen konnte.

8.11 Once neighbours, always neighbours.

Einmal Nachbarn, immer Nachbarn.

8.12 Neighbourhood with them was like marriage with us.

Die Nachbarschaft mit ihnen war wie die Ehe mit uns.

Neighbours remained neighbours till death did them part.

8.13

Nachbarn bleiben Nachbarn, bis der Tod sie scheidet.

Such a life, with all vision limited to a Point, and all motion to a Straight Line, seemed to me inexpressibly dreary; and I was surprised to note that vivacity and cheerfulness of the King.

9.1

Ein solches Leben, in dem alle Sicht auf einen Punkt und alle Bewegung auf eine gerade Linie beschränkt ist, erschien mir unsagbar trostlos, und ich war überrascht, die Lebhaftigkeit und Fröhlichkeit des Königs zu bemerken.

Wondering whether it was possible, amid circumstances so unfavourable to domestic relations, to enjoy the pleasures of conjugal union, I hesitated for some time to question his Royal Highness on so delicate a subject;

9.2

Da ich mich fragte, ob es unter so ungünstigen Umständen für die häuslichen Beziehungen möglich sei, die Freuden der ehelichen Vereinigung zu genießen, zögerte ich eine Zeit lang, seine Königliche Hoheit zu einem so heiklen Thema zu befragen;

but at last I plunged into it by abruptly inquiring as to the health of his family.

9.3

aber schließlich stürzte ich mich darauf, indem ich mich unvermittelt nach der Gesundheit seiner Familie erkundigte.

"My wives and children," he replied,

9.4

"Meine Frauen und Kinder," antwortete er,

"are well and happy."

9.5

"sind gesund und glücklich."

10.1 Staggered at this answer -

Erstaunt über diese Antwort -

10.2 for in the immediate proximity of the Monarch (as I had noted in my dream before I entered Lineland) there were none but Men -

denn in unmittelbarer Nähe des Monarchen gab es (wie ich in meinem Traum vor dem Betreten des Linelandes festgestellt hatte) nur Männer -

10.3 I ventured to reply,

wagte ich zu antworten:

10.4 "Pardon me, but I cannot imagine how your Royal Highness can at any time either see or approach their Majesties, when there at least half a dozen intervening individuals, whom you can neither see through, nor pass by?

"Verzeihung, aber ich kann mir nicht vorstellen, wie Eure Königliche Hoheit zu irgendeinem Zeitpunkt ihre Majestäten sehen oder sich ihnen nähern kann, wenn mindestens ein halbes Dutzend Personen dazwischen sind, durch die man weder hindurchsehen noch vorbeigehen kann?

10.5 Is it possible that in Lineland proximity is not necessary for marriage and for the generation of children?"

Ist es möglich, dass in Lineland die Nähe nicht notwendig ist, um zu heiraten und Kinder zu zeugen?"

11.1 "How can you ask so absurd a question?"

"Wie kannst du eine so absurde Frage stellen?"

11.2 replied the Monarch.

antwortete der Monarch.

181

"If it were indeed as you suggest, the Universe would soon be depopulated.   11.3

"Wenn es tatsächlich so wäre, wie du vorschlägst, wäre das Universum bald entvölkert.

No, no; neighbourhood is needless for the union of hearts; and the birth of children is too important a matter to have been allowed to depend upon such an accident as proximity.   11.4

Nein, nein, Nachbarschaft ist für die Vereinigung von Herzen unnötig, und die Geburt von Kindern ist eine zu wichtige Angelegenheit, als dass man sie von einem solchen Zufall wie der Nähe abhängig machen könnte.

You cannot be ignorant of this.   11.5

Das kann euch nicht entgangen sein.

Yet since you are pleased to affect ignorance, I will instruct you as if you were the veriest baby in Lineland.   11.6

Da Ihr aber gerne so tut, als wüsstet Ihr nichts, so will ich Euch belehren, als wäret Ihr das kleinste Kind im Lande.

Know, then, that marriages are consummated by means of the faculty of sound and the sense of hearing.   11.7

Wisse also, dass Ehen mit Hilfe des Gehörs und des Tonsinns geschlossen werden.

"You are of course aware that every Man has two mouths or voices -   12.1

"Sie wissen natürlich, dass jeder Mensch zwei Münder oder Stimmen hat -

as well as two eyes -   12.2

und auch zwei Augen -

12.3 **a bass at one and a tenor at the other of his extremities.**

einen Bass an der einen und einen Tenor an der anderen Extremität.

12.4 **I should not mention this, but that I have been unable to distinguish your tenor in the course of our conversation."**

Ich würde das nicht erwähnen, wenn ich nicht in der Lage gewesen wäre, Ihren Tenor im Laufe unseres Gesprächs zu unterscheiden."

12.5 **I replied that I had but one voice, and that I had not been aware that his Royal Highness had two.**

Ich erwiderte, dass ich nur eine Stimme habe und mir nicht bewusst gewesen sei, dass seine Königliche Hoheit zwei habe.

12.6 **"That confirms my impression," said the King,**

"Das bestätigt meinen Eindruck," sagte der König,

12.7 **"that you are not a Man, but a feminine Monstrosity with a bass voice, and an utterly uneducated ear.**

"dass Sie kein Mann sind, sondern eine weibliche Monstrosität mit einer Bassstimme und einem völlig ungebildeten Ohr.

12.8 **But to continue.**

Aber um fortzufahren.

13.1 **"Nature having herself ordained that every Man should wed two wives — "**

"Die Natur hat selbst bestimmt, dass jeder Mann zwei Frauen heiraten soll — "

13.2 **"Why two?" asked I.**

"Warum zwei?" fragte ich.

"You carry your affected simplicity too far," he cried.   13.3

"Du treibst deine affektierte Einfalt zu weit," rief er.

"How can there be a completely harmonious union   13.4
without the combination of the Four in One,

"Wie kann es eine vollkommen harmonische Verbindung
geben ohne die Kombination der Vier in Einem,

viz. the Bass and Tenor of the Man and the Soprano   13.5
and Contralto of the two Women?"

d.h. des Basses und des Tenors des Mannes und des Soprans
und des Altos der beiden Frauen?"

"But supposing," said I,   13.6

"Aber angenommen," sagte ich,

"that a man should prefer one wife or three?"   13.7

"dass ein Mann eine Frau oder drei Frauen vorziehen
sollte?"

"It is impossible," he said;   13.8

"Das ist unmöglich," sagte er;

"it is as inconceivable as that two and one should   13.9
make five,

"es ist ebenso undenkbar,

or that the human eye should see a Straight Line."   13.10

wie dass zwei und eins fünf ergeben oder dass das
menschliche Auge eine gerade Linie sieht."

I would have interrupted him; but he proceeded as   13.11
follows:

Ich hätte ihn unterbrochen, aber er fuhr wie folgt fort:

14.1 "Once in the middle of each week a Law of Nature compels us to move to and fro with a rhythmic motion of more than usual violence, which continues for the time you would take to count a hundred and one.

"Einmal in der Mitte jeder Woche zwingt uns ein Naturgesetz, uns mit einer rhythmischen Bewegung von mehr als gewöhnlicher Heftigkeit hin und her zu bewegen, die so lange andauert, wie man braucht, um hundert und eins zu zählen.

14.2 In the midst of this choral dance, at the fifty-first pulsation, the inhabitants of the Universe pause in full career, and each individual sends forth his richest, fullest, sweetest strain.

Inmitten dieses Chortanzes, beim einundfünfzigsten Pulsschlag, halten die Bewohner des Universums in ihrer vollen Laufbahn inne, und jeder Einzelne sendet seine reichsten, vollsten und süßesten Töne aus.

14.3 It is in this decisive moment that all our marriages are made.

In diesem entscheidenden Moment werden alle unsere Ehen geschlossen.

14.4 So exquisite is the adaptation of Bass and Treble, of Tenor to Contralto, that oftentimes the Loved Ones, though twenty thousand leagues away, recognize at once the responsive note of their destined Lover; and, penetrating the paltry obstacles of distance, Love unites the three.

Die Angleichung von Bass und Diskant, von Tenor und Alt ist so vorzüglich, dass die Geliebten, obwohl zwanzigtausend Meilen entfernt, oft sofort den Ton des ihnen zugedachten Geliebten erkennen, und die Liebe vereint die drei, indem sie die armseligen Hindernisse der Entfernung überwindet.

185

The marriage in that instance consummated results in a threefold Male and Female offspring which takes its place in Lineland." 14.5

Die in diesem Fall vollzogene Ehe führt zu einer dreifachen männlichen und weiblichen Nachkommenschaft, die ihren Platz in Lineland einnimmt."

"What! Always threefold?" said I. 15.1

"Was! Immer dreifach?" sagte ich.

"Must one wife then always have twins?" 15.2

"Muss eine Frau denn immer Zwillinge haben?"

"Bass-voice Monstrosity! yes," replied the King. 16.1

"Bassstimme Monstrosität! ja," antwortete der König.

"How else could the balance of the Sexes be maintained, 16.2

"Wie sonst könnte das Gleichgewicht der Geschlechter aufrechterhalten werden,

if two girls were not born for every boy? 16.3

wenn nicht für jeden Jungen zwei Mädchen geboren würden?

Would you ignore the very Alphabet of Nature?" 16.4

Würden Sie das Alphabet der Natur missachten?"

He ceased, speechless for fury; and some time elapsed before I could induce him to resume his narrative. 16.5

Er verstummte, sprachlos vor Wut, und es verging einige Zeit, bis ich ihn dazu bringen konnte, seine Erzählung fortzusetzen.

186

17.1   "You will not, of course, suppose that every bachelor among us finds his mates at the first wooing in this universal Marriage Chorus.

"Sie werden natürlich nicht annehmen, dass jeder Junggeselle unter uns seine Partnerin beim ersten Werben in diesem universellen Heiratschor findet.

17.2   On the contrary,

Im Gegenteil,

17.3   the process is by most of us many times repeated.

der Prozess wird von den meisten von uns viele Male wiederholt.

17.4   Few are the hearts whose happy lot is at once to recognize in each other's voice the partner intended for them by Providence, and to fly into a reciprocal and perfectly harmonious embrace.

Es gibt nur wenige Herzen, denen das Glück beschieden ist, in der Stimme des anderen sofort den Partner zu erkennen, den die Vorsehung für sie bestimmt hat, und sich in eine gegenseitige, vollkommen harmonische Umarmung zu stürzen.

17.5   With most of us the courtship is of long duration.

Bei den meisten von uns ist das Werben von langer Dauer.

17.6   The Wooer's voices may perhaps accord with one of the future wives, but not with both; or not, at first, with either; or the Soprano and Contralto may not quite harmonize.

Die Stimmen des Werbenden mögen vielleicht mit einer der zukünftigen Ehefrauen übereinstimmen, aber nicht mit beiden, oder zunächst nicht mit beiden, oder Sopran und Alt harmonieren nicht ganz.

In such cases Nature has provided that every weekly
Chorus shall bring the three Lovers into closer
harmony.

17.7

Für solche Fälle hat die Natur vorgesehen, dass jeder
wöchentliche Chor die drei Liebenden in eine engere
Harmonie bringen soll.

Each trial of voice, each fresh discovery of discord,
almost imperceptibly induces the less perfect
to modify his or her vocal utterance so as to
approximate to the more perfect.

17.8

Jede Stimmprobe, jede neue Entdeckung von
Unstimmigkeiten veranlasst den weniger Vollkommenen
fast unmerklich, seine stimmliche Äußerung so zu
verändern, dass sie sich dem Vollkommeneren annähert.

And after many trials and many approximations, the
result is at last achieved.

17.9

Und nach vielen Versuchen und vielen Annäherungen ist
das Ergebnis endlich erreicht.

There comes a day at last when, while the wonted
Marriage Chorus goes forth from universal Lineland,
the three far-off Lovers suddenly find themselves
in exact harmony, and, before they are aware,
the wedded Triplet is rapt vocally into a duplicate
embrace;

17.10

Schließlich kommt der Tag, an dem der gewohnte
Hochzeitschor aus dem universalen Lineland erklingt, und
die drei weit entfernten Liebenden finden sich plötzlich
in exakter Harmonie wieder, und bevor sie sich dessen
bewusst sind, ist der verheiratete Drilling stimmlich in
eine doppelte Umarmung entrückt;

17.11 **and Nature rejoices over one more marriage and over three more births."**

und die Natur freut sich über eine weitere Ehe und über drei weitere Geburten."

§ 14 How I vainly tried to explain the nature of Flatland

§ 14 Wie ich vergeblich versuchte, die Natur von Flatland zu erklären

1.1 Thinking that it was time to bring down the Monarch from his raptures to the level of common sense, I determined to endeavour to open up to him some glimpses of the truth, that is to say of the nature of things in Flatland.

Da ich dachte, es sei an der Zeit, den Monarchen aus seiner Verzückung auf die Ebene des gesunden Menschenverstandes herunterzuholen, beschloss ich, mich zu bemühen, ihm einige Einblicke in die Wahrheit, d.h. in die Natur der Dinge im Flachland, zu eröffnen.

1.2 So I began thus:

Ich begann also folgendermaßen:

1.3 "How does your Royal Highness distinguish the shapes and positions of his subjects?

"Wie unterscheidet Ihre Königliche Hoheit die Formen und Positionen seiner Untertanen?

I for my part noticed by the sense of sight, before
I entered your Kingdom, that some of your people
are lines and others Points; and that some of the
lines are larger — " "You speak of an impossibility,"
interrupted the King; "you must have seen a vision;
for to detect the difference between a Line and a
Point by the sense of sight is, as every one knows,
in the nature of things, impossible; but it can be
detected by the sense of hearing, and by the same
means my shape can be exactly ascertained.

1.4

Ihr sprecht von einer Unmöglichkeit," unterbrach mich
der König. "Ihr müsst eine Vision gesehen haben; denn den
Unterschied zwischen einer Linie und einem Punkt mit
dem Sehsinn festzustellen, ist, wie jeder weiß, in der Natur
der Dinge unmöglich; aber er kann mit dem Gehörsinn
festgestellt werden, und mit demselben Mittel kann auch
meine Form genau bestimmt werden.

Behold me — I am a Line, the longest in Lineland,
over six inches of Space — "

1.5

Seht mich an, ich bin eine Linie, die längste im ganzen
Land, über sechs Zoll lang…"

"Of Length," I ventured to suggest. "Fool,"

1.6

"Von der Länge her," wagte ich vorzuschlagen. "Narr,"

said he, "Space is Length. Interrupt me again,

1.7

sagte er, "Raum ist Länge. Unterbrich mich noch einmal,

and I have done."

1.8

und ich bin fertig."

I apologized; but he continued scornfully,

2.1

Ich entschuldigte mich; aber er fuhr höhnisch fort:

2.2 "Since you are impervious to argument, you shall hear with your ears how by means of my two voices I reveal my shape to my Wives, who are at this moment six thousand miles seventy yards two feet eight inches away, the one to the North, the other to the South.

"Da du für Argumente unempfänglich bist, sollst du mit deinen Ohren hören, wie ich mit meinen beiden Stimmen meinen Frauen meine Gestalt offenbare, die in diesem Augenblick sechstausend Meilen, siebzig Yards, zwei Fuß und acht Zoll entfernt sind, die eine im Norden, die andere im Süden.

2.3 Listen, I call to them."

Hört, ich rufe zu ihnen."

3.1 He chirruped, and then complacently continued:

Er zwitscherte und fuhr dann selbstgefällig fort:

3.2 "My wives at this moment receiving the sound of one of my voice, closely followed by the other, and perceiving that the latter reaches them after an interval in which sound can traverse 6.457 inches, infer that one of my mouths is 6.457 inches further from them than the other, and accordingly know my shape to be 6.457 inches.

"Meine Frauen, die in diesem Augenblick den Klang einer meiner Stimmen, dicht gefolgt von der anderen, empfangen und wahrnehmen, dass letztere sie nach einem Intervall erreicht, in dem der Schall 6,457 Zoll zurücklegen kann, schließen daraus, dass einer meiner Münder 6,457 Zoll weiter von ihnen entfernt ist als der andere, und wissen dementsprechend, dass meine Form 6,457 Zoll beträgt.

But you will of course understand that my wives do
not make this calculation every time they hear my
two voices. 3.3

Aber Sie werden natürlich verstehen, dass meine Frauen
diese Berechnung nicht jedes Mal machen, wenn sie meine
beiden Stimmen hören.

They made it, once for all, before we were married. 3.4

Sie haben sie ein für allemal gemacht, bevor wir geheiratet
haben.

But they could make it at any time. 3.5

Aber sie könnten es jederzeit tun.

And in the same way I can estimate the shape of any
of my Male subjects by the sense of sound." 3.6

Und auf dieselbe Weise kann ich die Form eines jeden
meiner männlichen Untertanen durch den Tastsinn
abschätzen."

"But how," said I, 4.1

"Aber wie," sagte ich,

"if a Man feigns a Woman's voice with one of his two
voices, 4.2

"wenn ein Mann mit einer seiner beiden Stimmen die
Stimme einer Frau vortäuscht oder seine südliche Stimme
so verstellt,

or so disguises his Southern voice that it cannot be
recognized as the echo of the Northern? 4.3

dass sie nicht als das Echo der nördlichen erkannt werden
kann?

May not such deceptions cause great inconvenience? 4.4

Können solche Täuschungen nicht große
Unannehmlichkeiten verursachen?

4.5 And have you no means of checking frauds of this kind by commanding your neighbouring subjects to feel one another?"

Und habt Ihr kein Mittel, solche Betrügereien zu unterbinden, indem Ihr Euren benachbarten Untertanen befehlt, sich gegenseitig abzutasten?"

4.6 This of course was a very stupid question,

Das war natürlich eine sehr dumme Frage,

4.7 for feeling could not have answered the purpose;

denn das Gefühl hätte den Zweck nicht erfüllen können;

4.8 but I asked with the view of irritating the Monarch, and I succeeded perfectly.

aber ich fragte in der Absicht, den Monarchen zu reizen, und es gelang mir vollkommen.

5.1 "What!" cried he in horror, "explain your meaning."

"Was!" rief er entsetzt, "erklären Sie, was Sie meinen."

5.2 "Feel, touch, come into contact," I replied.

"Fühlen, berühren, in Kontakt kommen," antwortete ich.

5.3 "If you mean by feeling," said the King,

"Wenn Sie mit fühlen," sagte der König,

5.4 "approaching so close as to leave no space between two individuals, know, Stranger, that this offence is punishable in my dominions by death.

"meinen, sich so weit zu nähern, dass kein Raum mehr zwischen zwei Personen bleibt, dann wissen Sie, Fremder, dass dieses Vergehen in meinem Reich mit dem Tod bestraft wird.

5.5 And the reason is obvious.

Und der Grund dafür ist offensichtlich.

195

The frail form of a Woman, being liable to be
shattered by such an approximation, must be
preserved by the State;

5.6

Die zerbrechliche Gestalt einer Frau, die durch eine solche
Annäherung zerbrechen könnte, muss vom Staat geschützt
werden;

but since Women cannot be distinguished by the
sense of sight from Men, the Law ordains universally
that neither Man nor Woman shall be approached
so closely as to destroy the interval between the
approximator and the approximated.

5.7

da aber Frauen durch den Sehsinn nicht von Männern
unterschieden werden können, bestimmt das Gesetz
allgemein, dass weder Mann noch Frau sich so nahe nähern
dürfen, dass der Abstand zwischen dem Annäherer und
dem Annäherten zerstört wird.

"And indeed what possible purpose would be served
by this illegal and unnatural excess of approximation
which you call touching, when all the ends of so
brutal and course a process are attained at once more
easily and more exactly by the sense of hearing?

6.1

"Und in der Tat, welchem Zweck würde dieses
ungesetzliche und unnatürliche Übermaß an Annäherung
dienen, das du Berührung nennst, wenn alle Ziele eines so
brutalen und langwierigen Prozesses auf einmal leichter
und genauer durch den Hörsinn erreicht werden?

As to your suggested danger of deception,

6.2

Was die von dir angedeutete Gefahr der Täuschung betrifft,

it is non-existent:

6.3

so ist sie nicht vorhanden:

6.4 for the Voice, being the essence of one's Being, cannot be thus changed at will.

denn die Stimme, die das Wesen des eigenen Wesens ist, kann nicht nach Belieben verändert werden.

6.5 But come, suppose that I had the power of passing through solid things, so that I could penetrate my subjects, one after another, even to the number of a billion, verifying the size and distance of each by the sense of feeling:

Aber nehmen wir an, ich hätte die Macht, durch feste Dinge hindurchzugehen, so dass ich meine Gegenstände durchdringen könnte, einen nach dem anderen, sogar bis zu einer Milliarde, wobei ich die Größe und Entfernung eines jeden durch den Gefühlssinn überprüfen könnte:

6.6 How much time and energy would be wasted in this clumsy and inaccurate method!

Wie viel Zeit und Energie würde bei dieser unbeholfenen und ungenauen Methode vergeudet werden!

6.7 Whereas now, in one moment of audition, I take as it were the census and statistics, local, corporeal, mental and spiritual, of every living being in Lineland.

Jetzt aber, in einem Augenblick des Hörens, nehme ich gleichsam die Zählung und Statistik, örtlich, körperlich, geistig und seelisch, jedes Lebewesens im Lineland vor.

6.8 Hark, only hark!"

Horch, horch nur!"

197

So saying he paused and listened, as if in an ecstasy, 7.1
to a sound which seemed to me no better than a
tiny chirping from an innumerable multitude of
lilliputian grasshoppers.
Bei diesen Worten hielt er inne und lauschte wie in Ekstase
einem Geräusch, das mir nicht besser vorkam als ein
winziges Zirpen einer unzähligen Schar von Heuschrecken.

"Truly," replied I, 8.1
"Wahrlich," antwortete ich,

"your sense of hearing serves you in good stead, and 8.2
fills up many of your deficiencies.
"Ihr Gehör ist Ihnen sehr nützlich und gleicht viele Ihrer
Defizite aus.

But permit me to point out that your life in Lineland 8.3
must be deplorably dull.
Aber erlauben Sie mir, darauf hinzuweisen, dass Ihr Leben
in Lineland beklagenswert eintönig sein muss.

To see nothing but a Point! 8.4
Nichts zu sehen als einen Punkt!

Not even to be able to contemplate a Straight Line! 8.5
Nicht einmal in der Lage zu sein, eine gerade Linie zu
betrachten!

Nay, not even to know what a Straight Line is! 8.6
Nein, nicht einmal zu wissen, was eine gerade Linie ist!

To see, 8.7
Zu sehen und doch von den geradlinigen Aussichten
abgeschnitten zu sein,

198

8.8   yet to be cut off from those Linear prospects which are vouchsafed to us in Flatland!

die uns im Flachland geboten werden!

8.9   Better surely to have no sense of sight at all than to see so little!

Es ist sicherlich besser, überhaupt keinen Sehsinn zu haben, als so wenig zu sehen!

8.10   I grant you I have not your discriminative faculty of hearing;

Ich gestehe Ihnen zu, dass ich nicht Ihr Unterscheidungsvermögen des Gehörs habe;

8.11   for the concert of all Lineland which gives you such intense pleasure, is to me no better than a multitudinous twittering or chirping.

denn das Konzert des ganzen Linnelandes, das Ihnen so große Freude bereitet, ist für mich nicht besser als ein vielstimmiges Zwitschern oder Zirpen.

8.12   But at least I can discern, by sight, a Line from a Point.

Aber wenigstens kann ich mit dem Auge eine Linie von einem Punkt unterscheiden.

8.13   And let me prove it.

Und lasst es mich beweisen.

Just before I came into your kingdom, I saw you dancing from left to right, and then from right to left, with Seven Men and a Woman in your immediate proximity on the left, and eight Men and two Women on your right. | 8.14

Kurz bevor ich in dein Reich kam, sah ich dich von links nach rechts und dann von rechts nach links tanzen, mit sieben Männern und einer Frau in deiner unmittelbaren Nähe auf der linken Seite und acht Männern und zwei Frauen auf deiner rechten Seite.

Is not this correct?" | 8.15

Ist das nicht richtig?"

"It is correct," said the King, "so far as the numbers and sexes are concerned, though I know not what you mean by 'right' and 'left.' | 9.1

"Es ist richtig," sagte der König, "was die Zahlen und die Geschlechter betrifft, obwohl ich nicht weiß, was Sie mit 'rechts' und 'links' meinen."

But I deny that you saw these things. | 9.2

Aber ich bestreite, dass du diese Dinge gesehen hast.

For how could you see the Line, that is to say the inside, of any Man? | 9.3

Denn wie könntest du die Linie, d.h. das Innere eines Menschen, sehen?

But you must have heard these things, | 9.4

Aber ihr müsst diese Dinge gehört und dann geträumt haben,

and then dreamed that you saw them. | 9.5

dass ihr sie gesehen habt.

9.6 And let me ask what you mean by those words 'left' and 'right.'
Und lassen Sie mich fragen, was Sie mit diesen Worten "links" und "rechts" meinen.'

9.7 I suppose it is your way of saying Northward and Southward."
Ich nehme an, das ist Ihre Art, Nord und Süd zu sagen."

10.1 "Not so," replied I;
"Nein," antwortete ich,

10.2 "besides your motion of Northward and Southward,
"außer eurer Bewegung nach Norden und Süden gibt es noch eine andere Bewegung,

10.3 there is another motion which I call from right to left."
die ich von rechts nach links nenne."

11.1 King.
König.

11.2 Exhibit to me, if you please, this motion from left to right.
Zeigen Sie mir bitte diesen Antrag von links nach rechts.

12.1 I. Nay, that I cannot do, unless you could step out of your Line altogether.
I. Nein, das kann ich nicht, es sei denn, Ihr könntet ganz aus Eurer Linie heraustreten.

13.1 King. Out of my Line? Do you mean out of the world?
König. Raus aus meiner Linie? Meinen Sie aus der Welt hinaus?

201

Out of Space?   13.2

Aus dem Raum?

I. Well, yes. Out of your world. Out of your Space.   14.1

I. Nun, ja. Raus aus deiner Welt. Außerhalb deines Raumes.

For your Space is not the true Space.   14.2

Denn euer Raum ist nicht der wahre Raum.

True Space is a Plane; but your Space is only a Line.   14.3

Der wahre Raum ist eine Ebene, aber euer Raum ist nur
eine Linie.

King.   15.1

König.

If you cannot indicate this motion from left to right   15.2
by yourself moving in it, then I beg you to describe it
to me in words.

Wenn Sie diese Bewegung von links nach rechts nicht
anzeigen können, indem Sie sich selbst in ihr bewegen,
dann bitte ich Sie, sie mir in Worten zu beschreiben.

I. If you cannot tell your right side from your left, I   16.1
fear that no words of mine can make my meaning
clearer to you.

I. Wenn Sie Ihre rechte Seite nicht von Ihrer linken
unterscheiden können, fürchte ich, dass keine meiner
Worte Ihnen meine Bedeutung klarer machen können.

But surely you cannot be ignorant of so simple a   16.2
distinction.

Aber Sie können doch nicht so eine einfache
Unterscheidung nicht kennen.

17.1 **King. I do not in the least understand you.**
König. Ich verstehe Sie nicht im Geringsten.

18.1 **I. Alas! How shall I make it clear?**
I. Ach! Wie soll ich es deutlich machen?

18.2 **When you move straight on, does it not sometimes occur to you that you could move in some other way, turning your eye round so as to look in the direction towards which your side is now fronting?**
Wenn ihr euch geradeaus bewegt, kommt es euch dann nicht manchmal in den Sinn, dass ihr euch auch anders bewegen könntet, indem ihr euer Auge umdreht, um in die Richtung zu schauen, in die eure Seite jetzt zeigt?

18.3 **In other words, instead of always moving in the direction of one of your extremities, do you never feel a desire to move in the direction, so to speak, of your side?**
Mit anderen Worten: Haben Sie nie das Bedürfnis, sich sozusagen in Richtung Ihrer Seite zu bewegen, anstatt sich immer in Richtung einer Ihrer Extremitäten zu bewegen?

19.1 **King. Never. And what do you mean?**
König. Niemals. Und was meinen Sie?

19.2 **How can a man's inside**
Wie kann sich das Innere eines Menschen in irgendeine Richtung

19.3 **"front" in any direction?**
"vorwärts" bewegen?

19.4 **Or how can a man move in the direction of his inside?**
Oder wie kann sich ein Mensch in die Richtung seines Inneren bewegen?

I. Well then, since words cannot explain the matter, I will try deeds, and will move gradually out of Lineland in the direction which I desire to indicate to you.

20.1

I. Nun denn, da Worte die Sache nicht erklären können, werde ich es mit Taten versuchen und mich allmählich aus dem Lineland in die Richtung bewegen, die ich Ihnen zeigen möchte.

At the word I began to move my body out of Lineland.

22.1

Auf das Wort hin begann ich, meinen Körper aus dem Linneland zu bewegen.

As long as any part of me remained in his dominion and in his view, the King kept exclaiming:

22.2

Solange ein Teil von mir in seiner Herrschaft und in seinem Blickfeld blieb, rief der König immer wieder aus:

"I see you, I see you still; you are not moving."

22.3

"Ich sehe dich, ich sehe dich noch; du bewegst dich nicht."

But when I had at last moved myself out of his Line, he cried in his shrillest voice:

22.4

Aber als ich mich endlich aus seiner Linie entfernt hatte, rief er mit seiner schrillsten Stimme:

"She is vanished; she is dead."

22.5

"Sie ist verschwunden, sie ist tot."

22.6 "I am not dead," replied I;

"Ich bin nicht tot," erwiderte ich,

22.7 "I am simply out of Lineland, that is to say, out of the Straight Line which you call Space, and in the true Space, where I can see things as they are.

"ich bin nur aus dem Lineland heraus, das heißt, aus der geraden Linie, die du Raum nennst, und im wahren Raum, wo ich die Dinge sehen kann, wie sie sind.

22.8 And at this moment I can see your Line, or side — or inside as you are pleased to call it;

Und in diesem Augenblick kann ich deine Linie sehen, oder die Seite oder das Innere, wie du es nennen magst;

22.9 and I can see also the Men and Women on the North and South of you, whom I will now enumerate, describing their order, their size, and the interval between each."

und ich kann auch die Männer und Frauen nördlich und südlich von dir sehen, die ich jetzt aufzählen werde, indem ich ihre Reihenfolge, ihre Größe und den Abstand zwischen ihnen beschreibe."

23.1 When I had done this at great length, I cried triumphantly:

Als ich dies ausführlich getan hatte, rief ich triumphierend:

23.2 "Does that at last convince you?"

"Überzeugt Sie das endlich?"

23.3 And, with that, I once more entered Lineland, taking up the same position as before.

Und damit betrat ich wieder Lineland und nahm die gleiche Position wie zuvor ein.

But the Monarch replied: 24.1
Aber der Monarch erwiderte:

"If you were a Man of sense -   24.2
"Wenn Ihr ein Mann von Verstand wärt -

though, as you appear to have only one voice I have   24.3
little doubt you are not a Man but a Woman -
obwohl ich, da Ihr nur eine Stimme zu haben scheint,
wenig Zweifel daran habe, dass Ihr kein Mann, sondern
eine Frau seid -

but, if you had a particle of sense, you would listen to   24.4
reason.
würdet Ihr auf die Vernunft hören, wenn Ihr einen Funken
Verstand hättet.

You ask me to believe that there is another Line   24.5
besides that which my senses indicate, and another
motion besides that of which I am daily conscious.
Sie bitten mich zu glauben, dass es eine andere Linie
gibt als die, die meine Sinne anzeigen, und eine andere
Bewegung als die, deren ich mir täglich bewusst bin.

I, in return, ask you to describe in words or indicate   24.6
by motion that other Line of which you speak.
Ich bitte dich im Gegenzug, diese andere Linie, von der du
sprichst, mit Worten zu beschreiben oder durch Bewegung
anzuzeigen.

24.7 Instead of moving, you merely exercise some magic art of vanishing and returning to sight; and instead of any lucid description of your new World, you simply tell me the numbers and sizes of some forty of my retinue, facts known to any child in my capital.

Anstatt sich zu bewegen, üben Sie sich in der magischen Kunst, zu verschwinden und wieder aufzutauchen, und anstatt eine klare Beschreibung Ihrer neuen Welt zu geben, nennen Sie mir einfach die Zahlen und Größen einiger vierzig meiner Gefolgsleute, Tatsachen, die jedem Kind in meiner Hauptstadt bekannt sind.

24.8 Can anything be more irrational or audacious?

Kann es etwas Irrationaleres oder Dreisteres geben?

24.9 Acknowledge your folly or depart from my dominions."

Gebt Eure Torheit zu oder verlasst meine Herrschaft."

25.1 Furious at his perversity, and especially indignant that he professed to be ignorant of my sex, I retorted in no measured terms:

Wütend über seine Perversität und besonders empört darüber, dass er behauptete, mein Geschlecht nicht zu kennen, erwiderte ich ohne jedes Maß:

25.2 "Besotted Being!

"Besessenes Wesen!

25.3 You think yourself the perfection of existence,

Du hältst dich für die Vollkommenheit des Daseins,

25.4 while you are in reality the most imperfect and imbecile.

während du in Wirklichkeit das unvollkommenste und schwachsinnigste bist.

You profess to see,   25.5

Du behauptest zu sehen,

whereas you see nothing but a Point!   25.6

während du nichts als einen Punkt siehst!

You plume yourself on inferring the existence of a   25.7
Straight Line;

Du maßt dir an, auf die Existenz einer geraden Linie zu
schließen;

but I can see Straight Lines, and infer the existence   25.8
of Angles, Triangles, Squares, Pentagons, Hexagons,
and even Circles.

ich aber kann gerade Linien sehen und auf die Existenz von
Winkeln, Dreiecken, Quadraten, Fünfecken, Sechsecken
und sogar Kreisen schließen.

Why waste more words?   25.9

Warum noch mehr Worte verschwenden?

Suffice it that I am the completion of your incomplete   25.10
self.

Es genügt, dass ich die Vervollständigung deines
unvollständigen Selbst bin.

You are a Line, but I am a Line of Lines called in my   25.11
country a Square: and even I, infinitely superior
though I am to you, am of little account among the
great nobles of Flatland, whence I have come to visit
you, in the hope of enlightening your ignorance. "

Ihr seid eine Linie, ich aber bin eine Linie von Linien, die
man in meinem Land ein Quadrat nennt; und selbst ich, der
ich euch unendlich überlegen bin, bin unter den großen
Adligen des Flachlandes von geringem Wert, von wo ich
gekommen bin, um euch zu besuchen, in der Hoffnung,
eure Unwissenheit zu erhellen. "

26.1 Hearing these words the King advanced towards me with a menacing cry as if to pierce me through the diagonal;

Als der König diese Worte hörte, rückte er mit einem drohenden Schrei auf mich zu, als wolle er mich durch die Diagonale durchbohren;

26.2 and in that same movement there arose from myriads of his subjects a multitudinous war-cry, increasing in vehemence till at last methought it rivalled the roar of an army of a hundred thousand Isosceles, and the artillery of a thousand Pentagons.

und in derselben Bewegung erhob sich aus Myriaden seiner Untertanen ein vielstimmiges Kriegsgeschrei, das an Heftigkeit zunahm, bis es schließlich dem Gebrüll eines Heeres von hunderttausend Isosceles und der Artillerie von tausend Pentagons gleichkam.

26.3 Spell-bound and motionless,

Wie gebannt und regungslos konnte ich weder sprechen noch mich bewegen,

26.4 I could neither speak nor move to avert the impending destruction;

um das drohende Verderben abzuwenden;

26.5 and still the noise grew louder, and the King came closer, when I awoke to find the breakfast-bell recalling me to the realities of Flatland.

und immer noch wurde der Lärm lauter, und der König kam näher, als ich erwachte und die Frühstücksglocke mich in die Wirklichkeit des Flachlandes zurückrief.

§ 15 Concerning a Stranger from Spaceland

§ 15 Über einen Fremden aus dem Weltraum

1.1 **From dreams I proceed to facts.**
Von Träumen gehe ich zu Fakten über.

2.1 **It was the last day of our 1999th year of our era.**
Es war der letzte Tag des Jahres 1999 in unserer Zeitrechnung.

2.2 **The patterning of the rain had long ago announced nightfall; and I was sitting[1] in the company of my wife, musing on the events of the past and the prospects of the coming year, the coming century, the coming Millennium.**
Das Plätschern des Regens hatte längst den Einbruch der Nacht angekündigt, und ich saß[1] in Gesellschaft meiner Frau und dachte über die Ereignisse der Vergangenheit und die Aussichten des kommenden Jahres, des kommenden Jahrhunderts, des kommenden Millenniums nach.

[1] When I say "sitting,"   [1] Wenn ich "sitzen"

of course I do not mean any change of attitude such as you in Spaceland signify by that word;

sage, meine ich natürlich keine Veränderung der Haltung, wie ihr im Raumland mit diesem Wort meint;

for as we have no feet, we can no more "sit"

denn da wir keine Füße haben, können wir ebensowenig "sitzen"

nor "stand"

oder "stehen"

(in your sense of the word) than one of your soles or flounders.

(in eurem Sinne des Wortes) wie eine eurer Sohlen oder Flundern.

Nevertheless,

Dennoch erkennen wir sehr wohl die verschiedenen geistigen Zustände des Wollens,

we perfectly well recognize the different mental states of volition implied by

die durch

"lying," "sitting," and "standing,"

"Liegen," "Sitzen" und "Stehen"

which are to some extent indicated to a beholder by a slight increase of lustre corresponding to the increase of volition.

angedeutet werden, und die dem Betrachter gewissermaßen durch eine leichte Zunahme des Glanzes angezeigt werden, die der Zunahme des Wollens entspricht.

But on this, and a thousand other kindred subjects, time forbids me to dwell.

Aber die Zeit verbietet es mir, auf dieses und tausend andere ähnliche Themen einzugehen.

4.1 My four Sons and two orphan Grandchildren had retired to their several apartments; and my wife alone remained with me to see the old Millennium out and the new one in.

Meine vier Söhne und zwei verwaiste Enkelkinder hatten sich in ihre verschiedenen Wohnungen zurückgezogen, und nur meine Frau blieb bei mir, um das alte Millennium aus - und das neue einziehen zu sehen.

5.1 I was rapt in thought, pondering in my mind some words that had casually issued from the mouth of my youngest Grandson, a most promising young Hexagon of unusual brilliancy and perfect angularity.

Ich war in Gedanken versunken und dachte über einige Worte nach, die beiläufig aus dem Mund meines jüngsten Enkels, eines vielversprechenden jungen Sechsecks von ungewöhnlicher Leuchtkraft und perfekter Winkligkeit, gekommen waren.

5.2 His uncles and I had been giving him his usual practical lesson in Sight Recognition, turning ourselves upon our centres, now rapidly, now more slowly, and questioning him as to our positions;

Seine Onkel und ich hatten ihm die übliche praktische Lektion im Erkennen des Sehens erteilt, indem wir uns mal schnell, mal langsamer um unsere Zentren drehten und ihn nach unseren Positionen befragten;

and his answers had been so satisfactory that I had been induced to reward him by giving him a few hints on Arithmetic, as applied to Geometry.

5.3

und seine Antworten waren so zufriedenstellend gewesen, dass ich mich veranlasst sah, ihn mit einigen Hinweisen zur Arithmetik, angewandt auf die Geometrie, zu belohnen.

Taking nine Squares, each an inch every way, I had put them together so as to make one large Square, with a side of three inches, and I had hence proved to my little Grandson that — though it was impossible for us to see the inside of the Square — yet we might ascertain the number of square inches in a Square by simply squaring the number of inches in the side:

6.1

Ich nahm neun Quadrate, von denen jedes in jeder Richtung einen Zoll groß war, und legte sie so zusammen, dass sie ein großes Quadrat mit einer Seite von drei Zoll bildeten, und ich hatte meinem kleinen Enkel damit bewiesen, dass wir, obwohl es für uns unmöglich war, das Innere des Quadrats zu sehen, doch die Anzahl der Quadratzentimeter in einem Quadrat feststellen konnten, indem wir einfach die Anzahl der Zoll in der Seite quadrierten:

"and thus," said I,

6.2

"und so," sagte ich,

"we know that $3 ^\wedge (2)$, or 9, represents the number of square inches in a Square whose side is 3 inches long."

6.3

"wissen wir, dass $3 ^\wedge (2)$ oder 9 die Anzahl der Quadratzentimeter in einem Quadrat darstellt, dessen Seite drei Zoll lang ist."

214

7.1 The little Hexagon meditated on this a while and then said to me;

Das kleine Sechseck dachte eine Weile darüber nach und sagte dann zu mir:

7.2 "But you have been teaching me to raise numbers to the third power:

"Aber du hast mich doch gelehrt, die Zahlen in die dritte Potenz zu setzen:

7.3 I suppose 3 ^ (3) must mean something in Geometry;

Ich nehme an, 3 ^ (3) muss in der Geometrie etwas bedeuten;

7.4 what does it mean?"

was bedeutet es?"

7.5 "Nothing at all," replied I,

"Gar nichts," antwortete ich,

7.6 "not at least in Geometry;

"zumindest nicht in der Geometrie;

7.7 for Geometry has only Two Dimensions."

denn die Geometrie hat nur zwei Dimensionen."

7.8 And then I began to shew the boy how a Point by moving through a length of three inches makes a Line of three inches, which may be represented by three;

Und dann begann ich, dem Jungen zu zeigen, wie ein Punkt, der sich durch eine Länge von drei Zoll bewegt, eine Linie von drei Zoll bildet, die durch drei dargestellt werden kann;

and how a Line of three inches, moving parallel   7.9
to itself through a length of three inches, makes a
Square of three inches every way, which may be
represented by 3 ^ (2) .

und wie eine Linie von drei Zoll, die sich parallel zu sich
selbst durch eine Länge von drei Zoll bewegt, ein Quadrat
von drei Zoll in jeder Richtung bildet, das durch 3 ^ (2)
dargestellt werden kann.

Upon this, my Grandson, again returning to his   8.1
former suggestion, took me up rather suddenly and
exclaimed,

Daraufhin nahm mich mein Enkel, der wieder zu seinem
früheren Vorschlag zurückkehrte, ziemlich plötzlich auf
und rief aus:

"Well, then, if a Point by moving three inches, makes   8.2
a Line of three inches represented by three; and if
a straight Line of three inches, moving parallel to
itself, makes a Square of three inches every way,
represented by 3 ^ (2) ; it must be that a Square of
three inches every way, moving somehow parallel to
itself (but I don't see how) must make Something else
(but I don't see what) of three inches every way -

"Nun, wenn ein Punkt, indem er sich drei Zoll bewegt, eine
Linie von drei Zoll bildet, die durch drei dargestellt wird;
und wenn eine gerade Linie von drei Zoll, die sich parallel
zu sich selbst bewegt, ein Quadrat von drei Zoll in jeder
Richtung bildet, das durch 3 ^ (2) dargestellt wird, muss es
sein, dass ein Quadrat von drei Zoll in jeder Richtung, das
sich irgendwie parallel zu sich selbst bewegt (aber ich sehe
nicht, wie), etwas anderes (aber ich sehe nicht, was) von
drei Zoll in jeder Richtung bilden muss -

and this must be represented by 3 ^ (3) . "   8.3

und das muss durch 3 ^ (3) dargestellt werden."

9.1   "Go to bed," said I,
"Geh ins Bett," sagte ich,

9.2   a little ruffled by this interruption:
ein wenig verärgert über diese Unterbrechung:

9.3   "if you would talk less nonsense,
"Wenn du weniger Unsinn reden würdest,

9.4   you would remember more sense."
würdest du dich an mehr Sinn erinnern."

10.1   So my Grandson had disappeared in disgrace; and
there I sat by my Wife's side, endeavouring to form
a retrospect of the year 1999 and of the possibilities
of the year 2000; but not quite able to shake of the
thoughts suggested by the prattle of my bright little
Hexagon.
Mein Enkel war also in Schande verschwunden, und ich
saß an der Seite meiner Frau und bemühte mich, einen
Rückblick auf das Jahr 1999 und die Möglichkeiten des
Jahres 2000 zu geben, konnte aber die Gedanken nicht
ganz abschütteln, die das Geplapper meines klugen kleinen
Hexagons hervorrief.

10.2   Only a few sands now remained in the half-hour
glass.
In dem halbstündigen Glas waren nur noch ein paar
Sandkörner.

10.3   Rousing myself from my reverie I turned the glass
Northward for the last time in the old Millennium;
and in the act, I exclaimed aloud:
Als ich aus meiner Träumerei erwachte, drehte ich das Glas
zum letzten Mal im alten Jahrtausend in Richtung Norden
und rief dabei laut aus:

"The boy is a fool."   10.4

"Der Junge ist ein Narr."

Straightway I became conscious of a Presence in the   11.1
room,

Sofort wurde ich mir der Anwesenheit einer Person im
Zimmer bewusst,

and a chilling breath thrilled through my very being.   11.2

und ein kalter Hauch durchfuhr mich.

"He is no such thing," cried my Wife,   11.3

"Das ist er nicht," rief meine Frau,

"and you are breaking the Commandments in thus   11.4
dishonouring your own Grandson."

"und du brichst die Gebote, indem du deinen eigenen Enkel
entehrst."

But I took no notice of her.   11.5

Aber ich beachtete sie nicht.

Looking around in every direction I could see   11.6
nothing;

Ich schaute mich nach allen Seiten um und konnte nichts
sehen;

yet still I felt a Presence,   11.7

dennoch spürte ich eine Gegenwart und erschauderte,

and shivered as the cold whisper came again. I   11.8
started up.

als das kalte Flüstern wieder kam. Ich schreckte auf.

"What is the matter?" said my Wife, "there is no   11.9
draught;

"Was ist los?" sagte meine Frau, "es gibt keinen Luftzug;

11.10 what are you looking for? There is nothing."
was suchst du denn? Da ist nichts."

11.11 There was nothing; and I resumed my seat, again exclaiming:
Da war nichts, und ich setzte mich wieder auf meinen Platz und rief:

11.12 "The boy is a fool, I say;
"Der Junge ist ein Narr, sage ich;

11.13 3 ^ (3) can have no meaning in Geometry."
3 ^ (3) kann keinen Sinn in der Geometrie haben."

11.14 At once there came a distinctly audible reply:
Sofort kam eine deutlich hörbare Antwort:

11.15 "The boy is not a fool;
"Der Junge ist kein Narr;

11.16 and 3 ^ (3) has an obvious Geometrical meaning."
und 3 ^ (3) hat eine offensichtliche geometrische Bedeutung."

12.1 My Wife as well as myself heard the words, although she did not understand their meaning, and both of us sprang forward in the direction of the sound.
Meine Frau und ich hörten die Worte, obwohl sie deren Bedeutung nicht verstand, und wir sprangen beide in die Richtung des Geräusches.

12.2 What was our horror when we saw before us a Figure!
Wie groß war unser Entsetzen, als wir eine Gestalt vor uns sahen!

12.3 At the first glance it appeared to be a Woman,
Auf den ersten Blick schien es eine Frau zu sein,

seen sideways; 12.4

von der Seite gesehen;

but a moment's observation shewed me that the 12.5
extremities passed into dimness too rapidly to
represent one of the Female Sex;

aber ein kurzer Blick zeigte mir, dass die Gliedmaßen zu
schnell verschwammen, um eine Frau darzustellen;

and I should have thought it a Circle, only that it 12.6
seemed to change its size in a manner impossible for
a Circle or for any regular Figure of which I had had
experience.

und ich hätte es für einen Kreis gehalten, nur dass es seine
Größe in einer Weise zu verändern schien, wie es weder für
einen Kreis noch für irgendeine regelmäßige Figur, die ich
kannte, möglich war.

But my Wife had not my experience, 13.1

Aber meine Frau hatte weder meine Erfahrung noch die
nötige Gelassenheit,

nor the coolness necessary to note these 13.2
characteristics.

um diese Merkmale zu erkennen.

With the usual hastiness and unreasoning jealousy of 13.3
her Sex,

Mit der üblichen Hast und unvernünftigen Eifersucht ihres
Geschlechts kam sie sofort zu dem Schluss,

she flew at once to the conclusion that a Woman had 13.4
entered the house through some small aperture.

dass eine Frau durch eine kleine Öffnung ins Haus
gekommen sei.

13.5 "How comes this person here?" she exclaimed,

"Wie kommt diese Person hierher?" rief sie aus,

13.6 "you promised me, my dear, that there should be no ventilators in our new house."

"du hast mir versprochen, meine Liebe, dass es in unserem neuen Haus keine Ventilatoren geben sollte."

13.7 "Nor are they any," said I;

"Es gibt auch keine," sagte ich;

13.8 "but what makes you think that the stranger is a Woman?

"aber wie kommst du darauf, dass der Fremde eine Frau ist?

13.9 I see by my power of Sight Recognition — "

Ich erkenne sie mit meinem Sehvermögen — "

14.1 "Oh, I have no patience with your Sight Recognition," replied she, "'Feeling is believing' and 'A Straight Line to the touch is worth a Circle to the sight"' -

"Oh, ich habe keine Geduld mit deiner Seherkenntnis," erwiderte sie, "'Fühlen heißt glauben' und 'Eine gerade Linie bei der Berührung ist einen Kreis beim Sehen wert"' -

14.2 two Proverbs,

zwei Sprichwörter,

14.3 very common with the Frailer Sex in Flatland.

die beim schwächeren Geschlecht im Flachland sehr verbreitet sind.

15.1 "Well," said I, for I was afraid of irritating her,

"Nun," sagte ich, denn ich fürchtete, sie zu reizen,

221

"if it must be so, demand an introduction." 15.2
"wenn es so sein muss, dann verlangen Sie eine
Vorstellung."

Assuming her most gracious manner, my Wife 15.3
advanced towards the Stranger:
Meine Frau ging in ihrer liebenswürdigen Art auf die
Fremde zu:

"Permit me, Madam to feel and be felt by — " 15.4
"Erlauben Sie mir, Madame, zu fühlen und von ihr gefühlt
zu werden,"

then, suddenly recoiling, "Oh! 15.5
und dann, plötzlich zurückweichend, "Oh!

it is not a Woman, and there are no angles either, not 15.6
a trace of one.
es ist keine Frau, und es gibt auch keine Winkel, nicht die
Spur eines solchen.

Can it be that I have so misbehaved to a perfect 15.7
Circle?"
Kann es sein, dass ich mich in einem perfekten Kreis so
daneben benommen habe?"

"I am indeed, in a certain sense a Circle," 16.1
"Ich bin in der Tat in gewissem Sinne ein Kreis,"

replied the Voice, 16.2
antwortete die Stimme,

"and a more perfect Circle than any in Flatland; 16.3
"und ein vollkommenerer Kreis als jeder andere im
Flachland;

16.4 but to speak more accurately, I am many Circles in
one."
aber um genauer zu sein, ich bin viele Kreise in einem. "

16.5 Then he added more mildly,
Dann fügte er milder hinzu:

16.6 "I have a message, dear Madam, to your husband,
which I must not deliver in your presence;
"Ich habe eine Botschaft an Ihren Mann, liebe Frau, die ich
nicht in Ihrer Gegenwart überbringen darf;

16.7 and,
und wenn Sie uns gestatten würden,

16.8 if you would suffer us to retire for a few minutes — "
uns für ein paar Minuten zurückzuziehen — "

16.9 But my wife would not listen to the proposal that
our august Visitor should so incommode himself,
and assuring the Circle that the hour of her own
retirement had long passed, with many reiterated
apologies for her recent indiscretion, she at last
retreated to her apartment.
Aber meine Frau wollte nicht auf den Vorschlag hören, dass
unser erhabener Besucher sich so unwohl fühlen sollte,
und indem sie dem Kreis versicherte, dass die Stunde ihrer
eigenen Zurückgezogenheit längst vorüber sei, zog sie sich
mit vielen wiederholten Entschuldigungen für ihre jüngste
Indiskretion endlich in ihre Wohnung zurück.

17.1 I glanced at the half-hour glass.
Ich warf einen Blick auf das Halbstundenglas.

17.2 The last sands had fallen.
Die letzten Sandkörner waren gefallen.

The third Millennium had begun.   17.3
Das dritte Millennium hatte begonnen.

§ 16 How the Stranger vainly endeavoured to reveal to me in words the mysteries of Spaceland

§ 16 Wie der Fremde vergeblich versuchte, mir die Geheimnisse von Spaceland in Worten zu offenbaren

1.1 As soon as the sound of the Peace-cry of my departing Wife had died away, I began to approach the Stranger with the intention of taking a nearer view and of bidding him be seated: but his appearance struck me dumb and motionless with astonishment.

Sobald das Geräusch des Friedensrufs meiner scheidenden Frau verklungen war, näherte ich mich dem Fremden in der Absicht, ihn näher zu betrachten und ihn zu bitten, sich zu setzen; aber seine Erscheinung machte mich stumm und regungslos vor Erstaunen.

225

Without the slightest symptoms of angularity he
nevertheless varied every instant with graduations
of size and brightness scarcely possible for any Figure
within the scope of my experience.

1.2

Ohne die geringsten Anzeichen von Winkligkeit veränderte
er sich dennoch jeden Augenblick mit Abstufungen von
Größe und Helligkeit, wie sie für eine Gestalt im Rahmen
meiner Erfahrung kaum möglich sind.

The thought flashed across me that I might have
before me a burglar or cut-throat, some monstrous
Irregular Isosceles, who, by feigning the voice of a
Circle, had obtained admission somehow into the
house, and was now preparing to stab me with his
acute angle.

1.3

Der Gedanke schoss mir durch den Kopf, dass ich einen
Einbrecher oder Halsabschneider vor mir haben könnte,
ein monströses, unregelmäßiges Gleichschenkel, das sich,
indem es die Stimme eines Kreises vortäuschte, irgendwie
Zutritt zum Haus verschafft hatte und sich nun anschickte,
mich mit seinem spitzen Winkel zu erstechen.

In a sitting-room, the absence of Fog (and the season
happened to be remarkably dry), made it difficult
for me to trust to Sight Recognition, especially at the
short distance at which I was standing.

2.1

In einem Wohnzimmer machte es mir die Abwesenheit von
Nebel (und die Jahreszeit war bemerkenswert trocken)
schwer, mich auf die Sichterkennung zu verlassen,
besonders in der kurzen Entfernung, in der ich stand.

Desperate with fear, I rushed forward with an
unceremonious

2.2

Verzweifelt vor Angst stürmte ich nach vorne mit einem
ungezwungenen

2.3 "You must permit me, Sir — " and felt him.

"Sie müssen mir gestatten, Sir — " und tastete ihn ab.

2.4 My Wife was right. There was not the trace of an angle,

Meine Frau hatte Recht. Es gab nicht die Spur eines Winkels,

2.5 not the slightest roughness or inequality:

nicht die geringste Unebenheit oder Ungleichheit:

2.6 never in my life had I met with a more perfect Circle.

Nie in meinem Leben hatte ich einen perfekteren Kreis gesehen.

2.7 He remained motionless while I walked around him, beginning from his eye and returning to it again.

Er blieb regungslos, während ich um ihn herumging, von seinem Auge ausgehend und wieder zu ihm zurückkehrend.

2.8 Circular he was throughout,

Er war durch und durch kreisförmig,

2.9 a perfectly satisfactory Circle;

ein vollkommen zufriedenstellender Kreis;

2.10 there could not be a doubt of it.

daran konnte es keinen Zweifel geben.

2.11 Then followed a dialogue, which I will endeavour to set down as near as I can recollect it, omitting only some of my profuse apologies -

Dann folgte ein Dialog, den ich versuchen werde, so genau wie möglich wiederzugeben, wobei ich nur einige meiner überschwänglichen Entschuldigungen auslassen werde -

for I was covered with shame and humiliation
that I, a Square, should have been guilty of the
impertinence of feeling a Circle.

2.12

ich war voller Scham und Demütigung, dass ich, ein
Quadrat, mich der Unverschämtheit schuldig gemacht
hatte, einen Kreis zu fühlen.

It was commenced by the Stranger with some
impatience at the lengthiness of my introductory
process.

2.13

Der Fremde begann mit einer gewissen Ungeduld über die
Langwierigkeit meiner Einleitung.

Stranger. Have you felt me enough by this time?

3.1

Unbekannter. Hast du mich inzwischen genug gespürt?

Are you not introduced to me yet?

3.2

Bist du mir noch nicht vorgestellt worden?

I. Most illustrious Sir, excuse my awkwardness,
which arises not from ignorance of the usages
of polite society, but from a little surprise and
nervousness, consequent on this somewhat
unexpected visit.

4.1

I. Verehrter Herr, entschuldigen Sie meine Unbeholfenheit,
die nicht aus Unkenntnis der Gepflogenheiten der
höflichen Gesellschaft herrührt, sondern aus einer
gewissen Überraschung und Nervosität infolge dieses
unerwarteten Besuchs.

And I beseech you to reveal my indiscretion to no one,
and especially not to my Wife.

4.2

Und ich bitte Sie, meine Indiskretion niemandem zu
verraten, vor allem nicht meiner Gattin.

§ 16 How the Stranger vainly endeavoured to reveal to me in words the mysteries of Spaceland

4.3 But before your Lordship enters into further communications, would he deign to satisfy the curiosity of one who would gladly know whence his visitor came?

Doch bevor Ihre Lordschaft weitere Gespräche führt, würde er sich erlauben, die Neugierde eines Menschen zu befriedigen, der gerne wüsste, woher sein Besucher kommt?

5.1 Stranger. From Space, from Space, Sir:

Unbekannter. Aus dem Weltraum, aus dem Weltraum, Sir:

5.2 whence else?

woher sonst?

6.1 I. Pardon me, my Lord, but is not your Lordship already in Space, your Lordship and his humble servant, even at this moment?

I. Verzeiht mir, mein Herr, aber ist Eure Lordschaft nicht schon im Weltraum, Eure Lordschaft und sein demütiger Diener, sogar in diesem Augenblick?

7.1 Stranger. Pooh! what do you know of Space?

Ein Fremder. Puuh! Was weißt du über den Weltraum?

7.2 Define Space.

Definiere den Weltraum.

8.1 I. Space, my Lord, is height and breadth indefinitely prolonged.

I. Der Raum, mein Herr, ist Höhe und Breite, die sich unendlich ausdehnen.

9.1 Stranger. Exactly:

Unbekannter. Genau:

you see you do not even know what Space is. 9.2

Du siehst, du weißt nicht einmal, was der Raum ist.

You think it is of Two Dimensions only; 9.3

Du glaubst, er habe nur zwei Dimensionen;

but I have come to announce to you a Third - 9.4

aber ich bin gekommen, um dir eine dritte zu verkünden -

height, breadth, and length. 9.5

Höhe, Breite und Länge.

I. Your Lordship is pleased to be merry. 10.1

I. Eure Lordschaft ist erfreut, fröhlich zu sein.

We also speak of length and height, or breadth and 10.2
thickness, thus denoting Two Dimensions by four
names.

Wir sprechen auch von Länge und Höhe, oder Breite und
Dicke, und bezeichnen so zwei Dimensionen mit vier
Namen.

Stranger. But I mean not only three names, 11.1

Unbekannter. Aber ich meine nicht nur drei Namen,

but Three Dimensions. 11.2

sondern drei Dimensionen.

I. Would your Lordship indicate or explain to me in 12.1
what direction is the Third Dimension,

I. Würden Ihre Lordschaft mir angeben oder erklären,

unknown to me? 12.2

in welcher Richtung sich die mir unbekannte dritte
Dimension befindet?

13.1 **Stranger. I came from it. It is up above and down below.**

Ein Fremder. Ich bin von ihm gekommen. Es ist oben und unten.

14.1 **I. My Lord means seemingly that it is Northward and Southward.**

I. Mein Herr meint anscheinend, dass es nördlich und südlich ist.

15.1 **Stranger. I mean nothing of the kind.**

Ein Fremder. Ich meine nichts dergleichen.

15.2 **I mean a direction in which you cannot look, because you have no eye in your side.**

Ich meine eine Richtung, in die du nicht schauen kannst, weil du kein Auge in deiner Seite hast.

16.1 **I. Pardon me, my Lord, a moment's inspection will convince your Lordship that I have a perfectly luminary at the juncture of my two sides.**

I. Verzeihen Sie, mein Herr, ein kurzer Blick wird Ihre Lordschaft davon überzeugen, dass ich an der Verbindung meiner beiden Seiten eine perfekte Leuchte habe.

17.1 **Stranger.**

Fremder.

17.2 **Yes: but in order to see into Space you ought to have an eye, not on your Perimeter, but on your side, that is, on what you would probably call your inside;**

Ja, aber um in den Weltraum zu sehen, muss man ein Auge haben, nicht auf den Rand, sondern auf die Seite, das heißt, auf das, was ihr wahrscheinlich als euer Inneres bezeichnen würdet;

231

but we in Spaceland should call it your side. 17.3

aber wir in Spaceland sollten es eure Seite nennen.

I. An eye in my inside! An eye in my stomach! 18.1

I. Ein Auge in meinem Inneren! Ein Auge in meinem Bauch!

Your Lordship jests. 18.2

Eure Lordschaft scherzt.

Stranger. I am in no jesting humour. 19.1

Fremder. Ich bin nicht zu Scherzen aufgelegt.

I tell you that I come from Space, or, since you will 19.2
not understand what Space means, from the Land of
Three Dimensions whence I but lately looked down
upon your Plane which you call Space forsooth.

Ich sage euch, dass ich aus dem Weltraum komme, oder,
da ihr nicht verstehen wollt, was der Weltraum bedeutet,
aus dem Land der drei Dimensionen, von wo aus ich erst
kürzlich auf eure Ebene herabblickte, die ihr wahrhaftig
Weltraum nennt.

From that position of advantage I discerned all that 19.3
you speak of as solid (by which you mean "enclosed
on four sides"), your houses, your churches, your
very chests and safes, yes even your insides and
stomachs, all lying open and exposed to my view.

Von dieser vorteilhaften Position aus konnte ich alles
erkennen, was ihr als fest bezeichnet (womit ihr "von vier
Seiten umschlossen" meint), eure Häuser, eure Kirchen,
eure Truhen und Tresore, ja sogar eure Eingeweide und
Mägen, die alle offen und für mich sichtbar sind.

I. Such assertions are easily made, my Lord. 20.1

I. Solche Behauptungen sind leicht gemacht, mein Herr.

21.1 Stranger. But not easily proved, you mean.

Unbekannter. Aber nicht leicht zu beweisen, meinen Sie.

21.2 But I mean to prove mine.

Aber ich will meine beweisen.

22.1 When I descended here, I saw your four Sons, the Pentagons, each in his apartment, and your two Grandsons the Hexagons;

Als ich hierher kam, sah ich deine vier Söhne, die Fünfecke, jeder in seiner Wohnung, und deine beiden Enkel, die Sechsecke;

22.2 I saw your youngest Hexagon remain a while with you and then retire to his room,

ich sah,

22.3 leaving you and your Wife alone.

wie dein jüngstes Sechseck eine Weile bei dir blieb und sich dann in sein Zimmer zurückzog und dich und deine Frau allein ließ.

22.4 I saw your Isosceles servants, three in number, in the kitchen at supper, and the little Page in the scullery.

Ich sah deine gleichschenkligen Diener, drei an der Zahl, in der Küche beim Abendessen, und den kleinen Pagen in der Spülküche.

22.5 Then I came here, and how do you think I came?

Dann kam ich hierher, und was glauben Sie, wie ich gekommen bin?

23.1 I. Through the roof, I suppose.

I. Durch die Decke, nehme ich an.

233

Stranger. Not so.   24.1
Unbekannter. Das stimmt nicht.

Your roof, as you know very well, has been recently   24.2
repaired, and has no aperture by which even a
Woman could penetrate.
Euer Dach ist, wie ihr sehr gut wisst, erst kürzlich repariert
worden und hat keine Öffnung, durch die auch nur eine
Frau eindringen könnte.

I tell you I come from Space.   24.3
Ich sage Euch, ich komme aus dem All.

Are you not convinced by what I have told you of your   24.4
children and household?
Sind Sie nicht überzeugt von dem, was ich Ihnen über Ihre
Kinder und Ihren Haushalt erzählt habe?

I. Your Lordship must be aware that such facts   25.1
touching the belongings of his humble servant
might be easily ascertained by any one of the
neighbourhood possessing your Lordship's ample
means of information.
I. Euer Lordschaft muss sich bewusst sein, dass solche
Tatsachen, die die Besitztümer seines bescheidenen
Dieners betreffen, von jedem in der Nachbarschaft,
der über die umfangreichen Informationsmittel Eurer
Lordschaft verfügt, leicht herausgefunden werden
könnten.

Stranger. (to himself.) What must I do? Stay;   26.1
Fremder. (zu sich selbst.) Was soll ich tun? Bleiben Sie;

one more argument suggests itself to me.   26.2
ein weiteres Argument drängt sich mir auf.

26.3 When you see a Straight Line - your wife, for example -

Wenn du eine Straight Line siehst - deine Frau zum Beispiel -

26.4 how many Dimensions do you attribute to her?

wie viele Dimensionen schreibst du ihr zu?

27.1 I. Your Lordship would treat me as if I were one of the vulgar who, being ignorant of Mathematics, suppose that a Woman is really a Straight Line, and only of One Dimension.

I. Eure Lordschaft würde mich behandeln, als wäre ich einer der Vulgären, die in Unkenntnis der Mathematik annehmen, dass eine Frau in Wirklichkeit eine gerade Linie ist und nur eine Dimension hat.

27.2 No, no, my Lord;

Nein, nein, mein Herr;

27.3 we Squares are better advised, and are as well aware of your Lordship that a Woman, though popularly called a Straight Line, is, really and scientifically, a very thin Parallelogram, possessing Two Dimensions, like the rest of us, viz., length and breadth (or thickness).

wir Vierecke sind besser beraten und wissen ebenso gut wie Ihre Lordschaft, dass eine Frau, auch wenn sie gemeinhin als gerade Linie bezeichnet wird, in Wirklichkeit und wissenschaftlich gesehen ein sehr dünnes Parallelogramm ist, das wie der Rest von uns zwei Dimensionen besitzt, nämlich Länge und Breite (oder Dicke).

28.1 Stranger.

Unbekannter.

But the very fact that a Line is visible implies that it
possesses yet another Dimension.

28.2

Aber schon die Tatsache, dass eine Linie sichtbar ist,
bedeutet, dass sie eine weitere Dimension besitzt.

I. My Lord, I have just acknowledged that a Woman is
broad as well as long.

29.1

I. Mein Herr, ich habe soeben eingeräumt, dass eine Frau
sowohl breit als auch lang ist.

We see her length, we infer her breadth; which,
though very slight, is capable of measurement.

29.2

Wir sehen ihre Länge, wir schließen auf ihre Breite, die,
obwohl sie sehr gering ist, gemessen werden kann.

Stranger. You do not understand me.

30.1

Unbekannter. Du verstehst mich nicht.

I mean that when you see a Woman, you ought —
besides inferring her breadth — to see her length,
and to see what we call her height; although the last
Dimension is infinitesimal in your country.

30.2

Ich meine, dass man, wenn man eine Frau sieht, nicht nur
ihre Breite, sondern auch ihre Länge und das, was wir ihre
Höhe nennen, sehen sollte, obwohl die letzte Dimension in
Eurem Land unbedeutend ist.

If a Line were mere length without "height,"

30.3

Wäre eine Linie nur eine Länge ohne "Höhe,"

it would cease to occupy Space and would become
invisible.

30.4

würde sie aufhören, den Raum einzunehmen und
unsichtbar werden.

30.5 Surely you must recognize this?

Das müssen Sie doch sicher erkennen?

31.1 I. I must indeed confess that I do not in the least understand your Lordship.

I. Ich muss in der Tat gestehen, dass ich Ihre Lordschaft nicht im Geringsten verstehe.

31.2 When we in Flatland see a Line,

Wenn wir im Flachland eine Linie sehen,

31.3 we see length and brightness.

sehen wir Länge und Helligkeit.

31.4 If the brightness disappears, the Line is extinguished, and, as you say, ceases to occupy Space.

Wenn die Helligkeit verschwindet, ist die Linie erloschen, und, wie Sie sagen, hört sie auf, den Raum einzunehmen.

31.5 But am I to suppose that your Lordship gives the brightness the title of a Dimension, and that what we call "bright" you call "high"?

Aber soll ich annehmen, dass Ihre Lordschaft der Helligkeit den Titel einer Dimension gibt, und dass Sie das, was wir "hell" nennen, "hoch" nennen?

32.1 Stranger. No, indeed. By "height"

Ein Fremder. Nein, in der Tat. Mit "Höhe"

32.2 I mean a Dimension like your length: only, with you,

meine ich eine Dimension wie Ihre Länge: nur ist bei Ihnen die

237

"height" is not so easily perceptible, being extremely small.   32.3

"Höhe" nicht so leicht wahrnehmbar, da Sie extrem klein sind.

I. My Lord,   33.1

I. Mein Herr,

your assertion is easily put to the test.   33.2

Ihre Behauptung lässt sich leicht auf die Probe stellen.

You say I have a Third Dimension, which you call "height."   33.3

Sie sagen, ich hätte eine dritte Dimension, die Sie "Höhe" nennen."

Now, Dimension implies direction and measurement.   33.4

Nun, Dimension impliziert Richtung und Messung.

Do but measure my "height,"   33.5

Messen Sie nur meine "Höhe,"

or merely indicate to me the direction in which my   33.6

oder geben Sie mir nur die Richtung an, in die sich meine

"height" extends, and I will become your convert.   33.7

"Höhe" erstreckt, und ich werde Ihr Bekehrter werden.

Otherwise, your Lordship's own understand must hold me excused.   33.8

Andernfalls muss ich nach dem Verständnis Eurer Lordschaft entschuldigt sein.

Stranger. (to himself.)   34.1

Fremder. (zu sich selbst.)

34.2 **I can do neither.**
Ich kann weder das eine noch das andere tun.

34.3 **How shall I convince him?**
Wie soll ich ihn überzeugen?

34.4 **Surely a plain statement of facts followed by ocular demonstration ought to suffice.**
Eine einfache Erklärung der Tatsachen, gefolgt von einer visuellen Demonstration, sollte doch wohl genügen.

34.5 **– Now, Sir; listen to me.**
– Nun, Sir, hören Sie mir zu.

35.1 **You are living on a Plane.**
Ihr lebt auf einer Ebene.

35.2 **What you style Flatland is the vast level surface of what I may call a fluid, or in, the top of which you and your countrymen move about, without rising above or falling below it.**
Was ihr als Flachland bezeichnet, ist die riesige ebene Oberfläche dessen, was ich als Flüssigkeit bezeichnen könnte, oder in der ihr und eure Landsleute sich bewegen, ohne darüber zu steigen oder darunter zu fallen.

36.1 **I am not a plane Figure, but a Solid.**
Ich bin keine ebene Figur, sondern ein Körper.

36.2 **You call me a Circle;**
Du nennst mich einen Kreis;

but in reality I am not a Circle, but an infinite number   36.3
of Circles, of size varying from a Point to a Circle of
thirteen inches in diameter, one placed on the top of
the other.

aber in Wirklichkeit bin ich nicht ein Kreis, sondern eine
unendliche Anzahl von Kreisen, deren Größe von einem
Punkt bis zu einem Kreis von dreizehn Zoll Durchmesser
variiert, einer über dem anderen.

When I cut through your plane as I am now doing, I   36.4
make in your plane a section which you, very rightly,
call a Circle.

Wenn ich eure Ebene durchschneide, wie ich es jetzt tue,
mache ich in eurer Ebene einen Schnitt, den ihr mit Recht
einen Kreis nennt.

For even a Sphere — which is my proper name in   36.5
my own country — if he manifest himself at all to
an inhabitant of Flatland — must needs manifest
himself as a Circle.

Denn selbst eine Kugel - das ist mein Eigenname in meinem
Land - muss sich, wenn sie sich einem Bewohner des
Flachlandes überhaupt offenbart, als Kreis offenbaren.

Do you not remember -   37.1

Erinnerst du dich nicht -

for I, who see all things, discerned last night the   37.2
phantasmal vision of Lineland written upon your
brain -

ich, der ich alles sehe, habe letzte Nacht die
phantasmatische Vision des Linnelandes wahrgenommen,
die in deinem Gehirn geschrieben stand -

37.3 do you not remember, I say, how when you entered the realm of Lineland, you were compelled to manifest yourself to the King, not as a Square, but as a Line, because that Linear Realm had not Dimensions enough to represent the whole of you, but only a slice or section of you?

erinnerst du dich nicht, sage ich, wie du, als du das Reich des Linnelandes betratst, gezwungen warst, dich dem König nicht als ein Quadrat, sondern als eine Linie zu offenbaren, weil dieses lineare Reich nicht genug Dimensionen hatte, um dich in seiner Gesamtheit darzustellen, sondern nur ein Stück oder einen Ausschnitt von dir?

37.4 In precisely the same way, your country of Two Dimensions is not spacious enough to represent me, a being of Three, but can only exhibit a slice or section of me, which is what you call a Circle.

Genauso ist euer zweidimensionales Land nicht groß genug, um mich, ein Wesen der Drei, darzustellen, sondern kann nur einen Ausschnitt von mir zeigen, den ihr Kreis nennt.

38.1 The diminished brightness of your eye indicates incredulity.

Die abnehmende Helligkeit Ihres Auges deutet auf Ungläubigkeit hin.

38.2 But now prepare to receive proof positive of the truth of my assertions.

Aber nun bereite dich darauf vor, einen positiven Beweis für die Wahrheit meiner Behauptungen zu erhalten.

You cannot indeed see more than one of my sections,   38.3
or Circles, at a time; for you have no power to raise
your eye out of the plane of Flatland; but you can
at least see that, as I rise in Space, so my sections
become smaller.

Du kannst in der Tat nicht mehr als einen meiner
Abschnitte oder Kreise auf einmal sehen, denn du hast
nicht die Kraft, dein Auge aus der Ebene des Flachlandes zu
erheben; aber du kannst zumindest sehen, dass meine
Abschnitte kleiner werden, wenn ich mich im Raum
erhöhe.

See now, I will rise;   38.4

Sieh nun, ich werde mich erheben;

and the effect upon your eye will be that my Circle   38.5
will become smaller and smaller till it dwindles to a
point and finally vanishes.

und die Wirkung auf dein Auge wird sein, dass mein Kreis
kleiner und kleiner wird, bis er zu einem Punkt schrumpft
und schließlich verschwindet.

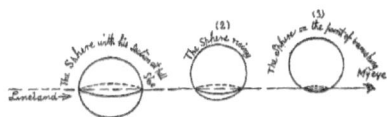

There was no "rising" that I could see;   40.1

Es gab kein "Aufstehen," das ich sehen konnte;

but he diminished and finally vanished.   40.2

aber er wurde schwächer und verschwand schließlich.

40.3 I winked once or twice to make sure that I was not dreaming.

Ich blinzelte ein - oder zweimal, um sicher zu sein, dass ich nicht träumte.

40.4 But it was no dream.

Aber es war kein Traum.

40.5 For from the depths of nowhere came forth a hollow voice -

Denn aus der Tiefe des Nirgendwo kam eine hohle Stimme -

40.6 close to my heart it seemed - "Am I quite gone?

ganz nah an meinem Herzen, wie es schien - "Bin ich ganz weg?

40.7 Are you convinced now?

Bist du jetzt überzeugt?

40.8 Well, now I will gradually return to Flatland and you shall see my section become larger and larger."

Nun, jetzt werde ich allmählich ins Flachland zurückkehren, und du wirst sehen, wie mein Ausschnitt immer größer wird."

41.1 Every reader in Spaceland will easily understand that my mysterious Guest was speaking the language of truth and even of simplicity.

Jeder Leser in Spaceland wird leicht verstehen, dass mein geheimnisvoller Gast die Sprache der Wahrheit und sogar der Einfachheit sprach.

41.2 But to me, proficient though I was in Flatland Mathematics, it was by no means a simple matter.

Aber für mich, der ich die Mathematik des Flachlandes beherrschte, war es keineswegs eine einfache Sache.

The rough diagram given above will make it clear to
any Spaceland child that the Sphere, ascending in
the three positions indicated there, must needs have
manifested himself to me, or to any Flatlander, as a
Circle, at first of full size, then small, and at last very
small indeed, approaching to a Point.

41.3

Das oben gezeigte grobe Diagramm wird jedem Kind aus
dem Raumland klar machen, dass die Kugel, die in den drei
dort angegebenen Positionen aufsteigt, sich mir oder jedem
Flachländer als ein Kreis offenbart haben muss, der erst
ganz groß, dann klein und schließlich sehr klein war und
sich einem Punkt näherte.

But to me, although I saw the facts before me, the
causes were as dark as ever.

41.4

Aber für mich, obwohl ich die Tatsachen vor mir sah,
waren die Ursachen so dunkel wie immer.

All that I could comprehend was, that the Circle had
made himself smaller and vanished, and that he had
now re-appeared and was rapidly making himself
larger.

41.5

Alles, was ich begreifen konnte, war, dass der Kreis sich
verkleinert hatte und verschwunden war, und dass er nun
wieder auftauchte und sich rasch vergrößerte.

When he regained his original size,

42.1

Als er seine ursprüngliche Größe wiedererlangt hatte,

he heaved a deep sigh;

42.2

stieß er einen tiefen Seufzer aus;

for he perceived by my silence that I had altogether
failed to comprehend him.

42.3

denn er merkte an meinem Schweigen, dass ich ihn
überhaupt nicht verstanden hatte.

42.4 And indeed I was now inclining to the belief that he must be no Circle at all, but some extremely clever juggler;

Und in der Tat neigte ich nun zu der Überzeugung, dass er gar kein Zirkel war, sondern ein äußerst geschickter Gaukler;

42.5 or else that the old wives' tales were true,

oder aber,

42.6 and that after all there were such people as Enchanters and Magicians.

dass die Märchen der alten Weiber wahr waren und es doch solche Leute wie Zauberer und Magier gab.

43.1 After a long pause he muttered to himself:

Nach einer langen Pause murmelte er vor sich hin:

43.2 "One resource alone remains,

"Es bleibt mir nur ein Mittel,

43.3 if I am not to resort to action.

wenn ich nicht zur Tat schreiten soll.

43.4 I must try the method of Analogy."

Ich muss die Methode der Analogie ausprobieren."

43.5 Then followed a still longer silence,

Dann folgte ein noch längeres Schweigen,

43.6 after which he continued our dialogue.

nach dem er unser Gespräch fortsetzte.

44.1 Sphere.

Sphäre.

Tell me, Mr. Mathematician; if a Point moves 44.2
Northward, and leaves a luminous wake, what name
would you give to the wake?

Sagen Sie mir, Herr Mathematiker: Wenn sich ein Punkt
nach Norden bewegt und eine leuchtende Spur hinterlässt,
welchen Namen würden Sie der Spur geben?

I. A straight Line. 45.1

I. Eine gerade Linie.

Sphere. And a straight Line has how many 46.1
extremities?

Sphäre. Und wie viele Extremitäten hat eine gerade Linie?

I. Two. 47.1

I. Zwei.

Sphere. 48.1

Sphäre.

Now conceive the Northward straight Line moving 48.2
parallel to itself, East and West, so that every point in
it leaves behind it the wake of a straight Line.

Stellen Sie sich nun vor, dass sich die gerade Linie nach
Norden parallel zu sich selbst bewegt, nach Osten und nach
Westen, so dass jeder Punkt auf ihr die Spur einer geraden
Linie hinter sich lässt.

What name will you give to the Figure thereby 48.3
formed?

Welchen Namen gibst du der so entstandenen Figur?

We will suppose that it moves through a distance 48.4
equal to the original straight line.

Wir nehmen an, dass sie sich über eine Strecke bewegt, die
der ursprünglichen geraden Linie entspricht.

§ 16 How the Stranger vainly endeavoured to reveal to me in words the mysteries of Spaceland

48.5 – What name, I say?

– Welchen Namen, sage ich?

49.1 I. A square.

I. Ein Quadrat.

50.1 Sphere. And how many sides has a Square? How many angles?

Sphäre. Und wie viele Seiten hat ein Quadrat? Wie viele Winkel?

51.1 I. Four sides and four angles.

I. Vier Seiten und vier Winkel.

52.1 Sphere.

Sphäre.

52.2 Now stretch your imagination a little, and conceive a Square in Flatland, moving parallel to itself upward.

Dehnen Sie nun Ihre Vorstellungskraft ein wenig und stellen Sie sich ein Quadrat im Flachland vor, das sich parallel zu sich selbst nach oben bewegt.

53.1 I. What? Northward?

I. Wie? Nach Norden?

54.1 Sphere.

Sphäre.

54.2 No, not Northward; upward; out of Flatland altogether.

Nein, nicht nach Norden, sondern nach oben, raus aus dem Flachland, ganz und gar.

If it moved Northward, the Southern points in the   55.1
Square would have to move through the positions
previously occupied by the Northern points.
Wenn es sich nach Norden bewegen würde, müssten die
südlichen Punkte des Quadrats durch die Positionen
wandern, die zuvor von den nördlichen Punkten
eingenommen wurden.

But that is not my meaning.   55.2
Aber das ist nicht meine Absicht.

I mean that every Point in you -   56.1
Ich meine, dass jeder Punkt in euch -

for you are a Square and will serve the purpose of my   56.2
illustration -
ihr seid ein Quadrat und dient der Veranschaulichung -

every Point in you, that is to say in what you call your   56.3
inside, is to pass upwards through Space in such a
way that no Point shall pass through the position
previously occupied by any other Point;
jeder Punkt in euch, das heißt in dem, was ihr euer Inneres
nennt, so durch den Raum aufwärts gehen soll, dass kein
Punkt durch die Position geht, die vorher von einem
anderen Punkt eingenommen wurde;

but each Point shall describe a straight Line of its   56.4
own.
sondern jeder Punkt soll eine eigene gerade Linie
beschreiben.

This is all in accordance with Analogy;   56.5
Das ist alles in Übereinstimmung mit der Analogie;

surely it must be clear to you.   56.6
das muss dir doch klar sein.

57.1 **Restraining my impatience -**

Ich zügelte meine Ungeduld -

57.2 **for I was now under a strong temptation to rush blindly at my Visitor and to precipitate him into Space, or out of Flatland, anywhere, so that I could get rid of him -**

ich war jetzt stark versucht, mich blindlings auf meinen Besucher zu stürzen und ihn in den Weltraum oder aus dem Flachland zu stürzen, egal wohin, damit ich ihn loswerden konnte -

57.3 **I replied:-**

und antwortete:-

58.1 **"And what may be the nature of the Figure which I am to shape out by this motion which you are pleased to denote by the word 'upward'?**

"Und wie mag die Figur beschaffen sein, die ich durch diese Bewegung, die Sie gerne mit dem Wort 'nach oben' bezeichnen, formen soll?

58.2 **I presume it is describable in the language of Flatland."**

Ich nehme an, sie ist in der Sprache des Flachlandes beschreibbar."

59.1 **Sphere. Oh, certainly.**

Sphäre. Oh, natürlich.

59.2 **It is all plain and simple, and in strict accordance with Analogy -**

Es ist alles klar und einfach und in strikter Übereinstimmung mit der Analogie -

only, by the way, you must not speak of the result as
being a Figure, but as a Solid.

59.3

nur darf man übrigens nicht von dem Ergebnis als einer
Figur sprechen, sondern als einem Körper.

But I will describe it to you. Or rather not I,

59.4

Aber ich werde es Ihnen beschreiben. Oder vielmehr nicht
ich,

but Analogy.

59.5

sondern die Analogie.

We began with a single Point, which of course -

60.1

Wir haben mit einem einzigen Punkt begonnen, der
natürlich -

being itself a Point - has only one terminal Point.

60.2

da er selbst ein Punkt ist - nur einen Endpunkt hat.

One Point produces a Line with two terminal Points.

61.1

Ein Punkt erzeugt eine Linie mit zwei Endpunkten.

One Line produces a Square with four terminal
Points.

62.1

Eine Linie ergibt ein Quadrat mit vier Endpunkten.

Now you can give yourself the answer to your own
question:

63.1

Jetzt können Sie sich selbst die Antwort auf Ihre eigene
Frage geben:

1, 2, 4, are evidently in Geometrical Progression.

63.2

1, 2, 4, sind offensichtlich in geometrischer Progression.

63.3 **What is the next number?**

Was ist die nächste Zahl?

64.1 **I. Eight.**

I. Achten.

65.1 **Sphere. Exactly.**

Sphäre. Ganz genau.

65.2 **The one Square produces a Something-which-you-do-not-as-yet-know-a-name-for-but-which-we-call-a-cube with eight terminal Points.**

Das eine Quadrat erzeugt ein Etwas, für das Sie noch keinen Namen kennen, das wir aber Würfel nennen, mit acht Endpunkten.

65.3 **Now are you convinced?**

Sind Sie nun überzeugt?

66.1 **I. And has this Creature sides, as well as Angles or what you call "terminal Points"?**

I. Und hat diese Kreatur Seiten, sowie Winkel oder das, was Sie "Endpunkte" nennen?

67.1 **Sphere. Of course; and all according to Analogy.**

Sphäre. Natürlich; und alles nach der Analogie.

67.2 **But, by the way, not what you call sides, but what we call sides.**

Aber, nebenbei bemerkt, nicht das, was ihr Seiten nennt, sondern das, was wir Seiten nennen.

67.3 **You would call them solids.**

Ihr würdet sie "Körper" nennen.

I. And how many solids or sides will appertain to this   68.1
Being whom I am to generate by the motion of my
inside in an

I. Und wie viele Körper oder Seiten gehören zu diesem
Wesen, das ich durch die Bewegung meines Inneren nach

"upward" direction, and whom you call a Cube?   68.2

"oben" erzeugen soll, und das ihr einen Würfel nennt?

Sphere. How can you ask? And you a mathematician!   69.1

Sphäre. Wie können Sie das fragen? Und Sie sind
Mathematiker!

The side of anything is always, if I may so say, one   69.2
Dimension behind the thing.

Die Seite einer Sache ist immer, wenn ich so sagen darf,
eine Dimension hinter der Sache.

Consequently, as there is no Dimension behind a   69.3
Point, a Point has 0 sides;

Da es also keine Dimension hinter einem Punkt gibt, hat
ein Punkt 0 Seiten;

a Line, if I may so say, has 2 sides (for the points of a   69.4
Line may be called by courtesy, its sides);

eine Linie, wenn ich so sagen darf, hat 2 Seiten (denn die
Punkte einer Linie können aus Höflichkeit ihre Seiten
genannt werden);

a Square has 4 sides; 0, 2, 4;   69.5

ein Quadrat hat 4 Seiten; 0, 2, 4;

what Progression do you call that?   69.6

wie nennst du diese Entwicklung?

§ 16 How the Stranger vainly endeavoured to reveal to me in words the mysteries of Spaceland

70.1 **I. Arithmetical.**
I. Arithmetisch.

71.1 **Sphere. And what is the next number?**
Sphäre. Und was ist die nächste Zahl?

72.1 **I. Six.**
I. Sechs.

73.1 **Sphere. Exactly.**
Sphäre. Ganz genau.

73.2 **Then you see you have answered your own question.**
Sie sehen also, Sie haben Ihre eigene Frage beantwortet.

73.3 **The Cube which you will generate will be bounded by six sides, that is to say, six of your insides.**
Der Würfel, den Sie erzeugen werden, wird von sechs Seiten begrenzt, d.h. von sechs Ihrer Innereien.

73.4 **You see it all now, eh?**
Ihr seht jetzt alles, oder?

74.1 **"Monster," I shrieked,**
"Ungeheuer," schrie ich,

74.2 **"be thou juggler, enchanter, dream, or devil, no more will I endure thy mockeries.**
"ob du nun Gaukler, Zauberer, Traum oder Teufel bist, ich werde deine Spötteleien nicht mehr ertragen.

74.3 **Either thou or I must perish."**
Entweder du oder ich müssen zugrunde gehen."

And saying these words I precipitated myself upon him. 74.4

Und mit diesen Worten stürzte ich mich auf ihn.

§ 17 How the Sphere, having in vain tried words, resorted to deeds

§ 17 Wie die Sphäre, nachdem sie vergeblich Worte versucht hatte, zu Taten griff

1.1 **It was in vain.**

Es war vergeblich.

1.2 **I brought my hardest right angle into violent collision with the Stranger, pressing on him with a force sufficient to have destroyed any ordinary Circle: but I could feel him slowly and unarrestably slipping from my contact; not edging to the right nor to the left, but moving somehow out of the world, and vanishing into nothing.**

Ich brachte meinen härtesten rechten Winkel in heftigen Zusammenstoß mit dem Fremden und drückte mit einer Kraft auf ihn, die ausgereicht hätte, jeden gewöhnlichen Kreis zu zerstören; aber ich spürte, wie er langsam und unaufhaltsam meiner Berührung entglitt; er wich weder nach rechts noch nach links aus, sondern bewegte sich irgendwie aus der Welt hinaus und verschwand im Nichts.

Soon there was a blank. 1.3
Bald war da eine Leere.

But still I heard the Intruder's voice. 1.4
Aber noch immer hörte ich die Stimme des Eindringlings.

Sphere. Why will you refuse to listen to reason? 2.1
Sphäre. Warum weigerst du dich, auf die Vernunft zu
hören?

I had hoped to find in you - 2.2
Ich hatte gehofft, in dir -

**as being a man of sense and an accomplished
mathematician -** 2.3
als einem Mann der Vernunft und einem versierten
Mathematiker -

**a fit apostle for the Gospel of the Three Dimensions,
which I am allowed to preach once only in a thousand
years: but now I know not how to convince you.** 2.4
einen geeigneten Apostel für das Evangelium der drei
Dimensionen zu finden, das ich nur einmal in tausend
Jahren predigen darf; aber jetzt weiß ich nicht, wie ich dich
überzeugen soll.

Stay, I have it. 2.5
Bleibt, ich habe es.

**Deeds, and not words, shall proclaim the truth.
Listen,** 2.6
Taten, nicht Worte, sollen die Wahrheit
verkünden. Hör zu,

my friend. 2.7
mein Freund.

3.1 I have told you I can see from my position in Space the inside of all things that you consider closed.

Ich habe euch gesagt, dass ich von meiner Position im Weltraum aus das Innere aller Dinge sehen kann, die ihr als verschlossen betrachtet.

3.2 For example, I see in yonder cupboard near which you are standing, several of what you call boxes (but like everything else in Flatland, they have no tops or bottom) full of money;

Zum Beispiel sehe ich in jenem Schrank, in dessen Nähe du stehst, mehrere von dem, was du Kisten nennst (aber wie alles andere im Flachland haben sie weder Deckel noch Boden), die mit Geld gefüllt sind;

3.3 I see also two tablets of accounts.

ich sehe auch zwei Tafeln mit Rechnungen.

3.4 I am about to descend into that cupboard and to bring you one of those tablets.

Ich bin im Begriff, in diesen Schrank hinabzusteigen und Ihnen eine dieser Tafeln zu bringen.

3.5 I saw you lock the cupboard half an hour ago, and I know you have the key in your possession.

Ich habe gesehen, wie du den Schrank vor einer halben Stunde verschlossen hast, und ich weiß, dass du den Schlüssel in deinem Besitz hast.

3.6 But I descend from Space;

Aber ich steige aus dem Weltraum herab;

3.7 the doors, you see, remain unmoved.

die Türen, wie du siehst, bleiben unbewegt.

3.8 Now I am in the cupboard and am taking the tablet.

Jetzt bin ich im Schrank und nehme die Tafel an mich.

Now I have it. Now I ascend with it.   3.9

Jetzt habe ich sie. Jetzt steige ich mit ihr auf.

I rushed to the closet and dashed the door open.   4.1

Ich eilte zum Schrank und riss die Tür auf.

One of the tablets was gone.   4.2

Eine der Tafeln war verschwunden.

With a mocking laugh, the Stranger appeared in the   4.3
other corner of the room, and at the same time the
tablet appeared upon the floor.

Mit einem spöttischen Lachen tauchte der Fremde in der
anderen Ecke des Zimmers auf, und gleichzeitig erschien
die Tafel auf dem Boden.

I took it up. There could be no doubt -   4.4

Ich hob sie auf. Es gab keinen Zweifel -

it was the missing tablet.   4.5

es war die fehlende Tafel.

I groaned with horror,   5.1

Ich stöhnte entsetzt auf und zweifelte,

doubting whether I was not out of my sense;   5.2

ob ich nicht von Sinnen sei;

but the Stranger continued: 5.3

aber der Fremde fuhr fort:

"Surely you must now see that my explanation, and   5.4
no other, suits the phenomena.

"Sicherlich müssen Sie jetzt sehen, dass meine Erklärung
und keine andere zu den Phänomenen passt.

5.5 **What you call Solid things are really superficial;**
Was du feste Dinge nennst, ist in Wirklichkeit oberflächlich;

5.6 **what you call Space is really nothing but a great Plane.**
was du Raum nennst, ist in Wirklichkeit nichts als eine große Ebene.

5.7 **I am in Space,**
Ich bin im Raum und schaue auf das Innere der Dinge hinunter,

5.8 **and look down upon the insides of the things of which you only see the outsides.**
von denen ihr nur die Außenseite seht.

5.9 **You could leave the Plane yourself,**
Du könntest die Ebene selbst verlassen,

5.10 **if you could but summon up the necessary volition.**
wenn du nur die nötige Willenskraft aufbringen könntest.

5.11 **A slight upward or downward motion would enable you to see all that I can see.**
Eine leichte Aufwärts - oder Abwärtsbewegung würde euch ermöglichen, alles zu sehen, was ich sehen kann.

6.1 **"The higher I mount, and the further I go from your Plane, the more I can see, though of course I see it on a smaller scale.**
"Je höher ich steige und je weiter ich mich von eurer Ebene entferne, desto mehr kann ich sehen, wenn auch natürlich in einem kleineren Maßstab.

For example, I am ascending; now I can see your
neighbour the Hexagon and his family in their
several apartments; now I see the inside of the
Theatre, ten doors off, from which the audience is
only just departing; and on the other side a Circle in
his study, sitting at his books.

6.2

Ich steige zum Beispiel hinauf und sehe jetzt deinen
Nachbarn, das Sechseck, und seine Familie in ihren
verschiedenen Wohnungen; jetzt sehe ich das Innere des
Theaters, zehn Türen weiter, aus dem das Publikum gerade
abfährt; und auf der anderen Seite einen Kreis in seinem
Arbeitszimmer, der an seinen Büchern sitzt.

Now I shall come back to you.

6.3

Nun werde ich zu Ihnen zurückkommen.

And, as a crowning proof, what do you say to my
giving you a touch, just the least touch, in your
stomach?

6.4

Und was halten Sie davon, wenn ich Ihnen zum krönenden
Beweis eine Berührung, nur die kleinste Berührung, in den
Bauch gebe?

It will not seriously injure you, and the slight pain
you may suffer cannot be compared with the mental
benefit you will receive."

6.5

Es wird dich nicht ernsthaft verletzen, und der leichte
Schmerz, den du vielleicht erleidest, steht in keinem
Verhältnis zu dem geistigen Nutzen, den du erhalten
wirst."

Before I could utter a word of remonstrance, I felt a
shooting pain in my inside, and a demoniacal laugh
seemed to issue from within me.

7.1

Bevor ich ein Wort des Widerspruchs sagen konnte, spürte
ich einen stechenden Schmerz in meinem Inneren, und
ein dämonisches Lachen schien aus meinem Inneren zu
kommen.

7.2 A moment afterwards the sharp agony had ceased, leaving nothing but a dull ache behind, and the Stranger began to reappear, saying, as he gradually increased in size:

Einen Augenblick später hörte der stechende Schmerz auf und hinterließ nur noch einen dumpfen Schmerz, und der Fremde tauchte wieder auf und sagte, während er allmählich an Größe zunahm:

7.3 "There, I have not hurt you much, have I?

"So, ich habe dir doch nicht sehr wehgetan, oder?

7.4 If you are not convinced now, I don't know what will convince you.

Wenn du jetzt nicht überzeugt bist, weiß ich nicht, was dich überzeugen könnte.

7.5 What say you?"

Was sagst du?"

8.1 My resolution was taken.

Mein Entschluss war gefasst.

8.2 It seemed intolerable that I should endure existence subject to the arbitrary visitations of a Magician who could thus play tricks with one's very stomach.

Es schien mir unerträglich, das Dasein unter den willkürlichen Heimsuchungen eines Magiers zu ertragen, der einem so den Magen verdrehen konnte.

8.3 If only I could in any way manage to pin him against the wall till help came!

Wenn es mir nur irgendwie gelänge, ihn an die Wand zu drücken, bis Hilfe kommt!

Once more I dashed my hardest angle against him, 9.1

Noch einmal schlug ich mit meinem härtesten Winkel
gegen ihn,

at the same time alarming the whole household by 9.2
my cries for aid.

wobei ich mit meinen Hilferufen den ganzen Haushalt
alarmierte.

I believe, at the moment of my onset, the Stranger 9.3
had sunk below our Plane, and really found difficulty
in rising.

Ich glaube, der Fremde war im Augenblick meines
Angriffs unter unsere Ebene gesunken und hatte wirklich
Schwierigkeiten, sich zu erheben.

In any case he remained motionless, while I, hearing, 9.4
as I thought, the sound of some help approaching,
pressed against him with redoubled vigor, and
continued to shout for assistance.

Auf jeden Fall blieb er regungslos liegen, während ich, da
ich glaubte, das Geräusch herannahender Hilfe zu hören,
mit verstärkter Kraft gegen ihn drückte und weiter um
Hilfe rief.

A convulsive shudder ran through the Sphere. 10.1

Ein krampfhafter Schauer durchlief die Sphäre.

"This must not be," I thought I heard him say: 10.2

"Das darf nicht sein," dachte ich, als ich ihn sagen hörte:

"either he must listen to reason, 10.3

"Entweder muss er auf die Vernunft hören,

10.4 or I must have recourse to the last resource of civilization."

oder ich muss auf das letzte Mittel der Zivilisation zurückgreifen."

10.5 Then, addressing me in a louder tone, he hurriedly exclaimed, "Listen:

Dann wandte er sich in einem lauteren Ton an mich und rief eilig aus:

10.6 no stranger must witness what you have witnessed.

"Hören Sie, kein Fremder darf Zeuge dessen werden, was Sie erlebt haben.

10.7 Send your Wife back at once,

Schicken Sie Ihre Frau sofort zurück,

10.8 before she enters the apartment.

bevor sie die Wohnung betritt.

10.9 The Gospel of Three Dimensions must not be thus frustrated.

Das Evangelium der drei Dimensionen darf nicht auf diese Weise vereitelt werden.

10.10 Not thus must the fruits of one thousand years of waiting be thrown away.

So dürfen die Früchte von tausend Jahren des Wartens nicht weggeworfen werden.

10.11 I hear her coming. Back! back! Away from me,

Ich höre sie kommen. Zurück! Zurück! Weg von mir,

10.12 or you must go with me - wither you know not -

oder du musst mit mir - ob du es weißt oder nicht -

into the Land of Three Dimensions!"

10.13

in das Land der drei Dimensionen gehen!"

"Fool! Madman! Irregular!" I exclaimed;

11.1

"Narr! Wahnsinniger! Irregulärer!" rief ich aus;

"never will I release thee;

11.2

"niemals werde ich dich freilassen;

thou shalt pay the penalty of thine impostures."

11.3

du sollst die Strafe für deine Betrügereien bezahlen."

"Ha! Is it come to this?" thundered the Stranger:

12.1

"Ha! Ist es so weit gekommen?" donnerte der Fremde:

"then meet your fate:

12.2

"dann begegnet eurem Schicksal:

out of your Plane you go. Once, twice, thrice!

12.3

Aus eurer Ebene geht ihr hinaus. Einmal, zweimal,
dreimal!

'Tis done!"

12.4

Es ist vollbracht!"

§ 18 How I came to Spaceland, and what I saw there

§ 18 Wie ich nach Spaceland kam und was ich dort sah

1.1 **An unspeakable horror seized me.**
Ein unaussprechlicher Schrecken ergriff mich.

1.2 **There was a darkness;**
Da war eine Dunkelheit;

1.3 **then a dizzy, sickening sensation of sight that was not like seeing;**
dann ein schwindelerregendes, krankmachendes Gefühl des Sehens, das nicht wie Sehen war;

1.4 **I saw a Line that was no Line;**
ich sah eine Linie, die keine Linie war;

1.5 **Space that was not Space: I was myself, and not myself.**
Raum, der nicht Raum war: Ich war ich und doch nicht ich.

1.6 **When I could find voice, I shrieked loud in agony:**
Als ich meine Stimme wiederfand, schrie ich laut und voller Qual:

"Either this is madness or it is Hell."   1.7
"Entweder ist das Wahnsinn oder die Hölle."

"It is neither,"   1.8
"Es ist weder das eine noch das andere,"

calmly replied the voice of the Sphere,   1.9
antwortete die Stimme der Sphäre ruhig,

"it is Knowledge; it is Three Dimensions: 1.10
"es ist Wissen, es sind drei Dimensionen:

open your eye once again and try to look steadily."   1.11
öffne dein Auge noch einmal und versuche, genau
hinzusehen."

I looked, and, behold, a new world!   2.1
Ich schaute, und siehe da, eine neue Welt!

There stood before me, visibly incorporate, all that I   2.2
had before inferred, conjectured, dreamed, of perfect
Circular beauty.
Vor mir stand, sichtbar verkörpert, all das, was ich vorher
geahnt, vermutet, geträumt hatte, von vollkommener
kreisförmiger Schönheit.

What seemed the centre of the Stranger's form lay   2.3
open to my view:
Das, was das Zentrum der Gestalt des Fremden zu sein
schien, lag für meinen Blick offen:

yet I could see no heart, lungs, nor arteries, only a   2.4
beautiful harmonious Something — for which I had
no words;
doch ich konnte weder Herz noch Lunge noch Arterien
sehen, nur ein wunderschönes, harmonisches Etwas, für
das ich keine Worte hatte;

2.5 but you, my Readers in Spaceland, would call it the surface of the Sphere.

aber ihr, meine Leser im Raumland, würdet es die Oberfläche der Sphäre nennen.

3.1 Prostrating myself mentally before my Guide, I cried,

Ich warf mich gedanklich vor meinem Führer nieder und rief:

3.2 "How is it, O divine ideal of consummate loveliness and wisdom that I see thy inside, and yet cannot discern thy heart, thy lungs, thy arteries, thy liver?"

"Wie kommt es, o göttliches Ideal vollendeter Lieblichkeit und Weisheit, dass ich dein Inneres sehe und doch dein Herz, deine Lungen, deine Arterien, deine Leber nicht erkennen kann?"

3.3 "What you think you see, you see not," he replied;

"Was du zu sehen glaubst, siehst du nicht," antwortete er,

3.4 "it is not giving to you, nor to any other Being, to behold my internal parts.

"es ist weder dir noch einem anderen Wesen gegeben, mein Inneres zu sehen.

3.5 I am of a different order of Beings from those in Flatland.

Ich gehöre zu einer anderen Ordnung von Wesen als die im Flachland.

3.6 Were I a Circle, you could discern my intestines, but I am a Being, composed as I told you before, of many Circles, the Many in the One, called in this country a Sphere.

Wäre ich ein Kreis, könntest du meine Eingeweide erkennen, aber ich bin ein Wesen, das, wie ich dir schon sagte, aus vielen Kreisen besteht, die Vielen in dem Einen, das man hierzulande eine Kugel nennt.

And, just as the outside of a Cube is a Square, so the
outside of a Sphere represents the appearance of a
Circle."

3.7

Und so, wie die Außenseite eines Würfels ein Quadrat ist,
so stellt die Außenseite einer Kugel die Erscheinung eines
Kreises dar."

Bewildered though I was by my Teacher's enigmatic
utterance, I no longer chafed against it, but
worshipped him in silent adoration.

4.1

Obwohl ich durch die rätselhaften Worte meines Lehrers
verwirrt war, wehrte ich mich nicht mehr dagegen,
sondern verehrte ihn in stiller Anbetung.

He continued, with more mildness in his voice.

4.2

Er fuhr fort, mit mehr Milde in seiner Stimme.

"Distress not yourself if you cannot at first
understand the deeper mysteries of Spaceland.

4.3

"Sei nicht beunruhigt, wenn du die tieferen Geheimnisse
von Spaceland anfangs nicht verstehen kannst.

By degrees they will dawn upon you.

4.4

Nach und nach werden sie dir dämmern.

Let us begin by casting back a glance at the region
whence you came.

4.5

Beginnen wir damit, einen Blick zurück auf die Region zu
werfen, aus der du gekommen bist.

4.6 Return with me a while to the plains of Flatland and I will shew you that which you have often reasoned and thought about, but never seen with the sense of sight -

Kehre mit mir für eine Weile in die Ebenen von Flatland zurück, und ich werde dir das zeigen, worüber du oft nachgedacht und gegrübelt, aber nie mit dem Sehsinn gesehen hast -

4.7 a visible angle."

einen sichtbaren Winkel."

4.8 "Impossible!"

"Unmöglich!"

4.9 I cried; but, the Sphere leading the way, I followed as if in a dream, till once more his voice arrested me:

rief ich, aber die Kugel führte mich wie in einem Traum, bis mich seine Stimme erneut inne hielt:

4.10 "Look yonder, and behold your own Pentagonal house, and all its inmates."

"Sieh dorthin und erblicke dein eigenes fünfeckiges Haus mit all seinen Bewohnern."

5.1 I looked below,

Ich schaute nach unten und sah mit meinem physischen Auge all die häusliche Individualität,

5.2 and saw with my physical eye all that domestic individuality which I had hitherto merely inferred with the understanding.

die ich bisher nur mit dem Verstand erahnt hatte.

And how poor and shadowy was the inferred conjecture in comparison with the reality which I now behold!   5.3

Und wie armselig und schattenhaft war die gefolgerte Vermutung im Vergleich zu der Wirklichkeit, die ich nun erblickte!

My four Sons calmly asleep in the North-Western rooms,   5.4

Meine vier Söhne schliefen ruhig in den nordwestlichen Zimmern,

my two orphan Grandsons to the South;   5.5

meine beiden verwaisten Enkel im Süden;

the Servants, the Butler, my Daughter, all in their several apartments.   5.6

die Bediensteten, der Diener, meine Tochter, alle in ihren verschiedenen Wohnungen.

Only my affectionate Wife, alarmed by my continued absence, had quitted her room and was roving up and down in the Hall, anxiously awaiting my return.   5.7

Nur meine liebe Frau, die durch meine fortwährende Abwesenheit beunruhigt war, hatte ihr Zimmer verlassen und lief in der Halle auf und ab, um meine Rückkehr zu erwarten.

Also the Page, aroused by my cries, had left his room, and under pretext of ascertaining whether I had fallen somewhere in a faint, was prying into the cabinet in my study.   5.8

Auch der Page, durch meine Schreie geweckt, hatte sein Zimmer verlassen und stöberte unter dem Vorwand, sich zu vergewissern, ob ich irgendwo in Ohnmacht gefallen sei, im Schrank in meinem Arbeitszimmer.

5.9   **All this I could now see, not merely infer;**

All dies konnte ich nun sehen, nicht nur erahnen;

5.10 **and as we came nearer and nearer, I could discern even the contents of my cabinet, and the two chests of gold, and the tablets of which the Sphere had made mention.**

und als wir näher und näher kamen, konnte ich sogar den Inhalt meines Schranks, die beiden Goldtruhen und die Tafeln erkennen, von denen die Sphäre gesprochen hatte.

7.1   **Touched by my Wife's distress, I would have sprung downward to reassure her, but I found myself incapable of motion.**

Gerührt von der Not meiner Frau, wollte ich mich aufraffen, um sie zu beruhigen, aber ich war nicht in der Lage, mich zu bewegen.

7.2   **"Trouble not yourself about your Wife," said my Guide:**

"Mach dir keine Sorgen um deine Frau," sagte mein Führer:

7.3   **"she will not be long left in anxiety;**

"Sie wird nicht lange in Sorge bleiben;

meantime, let us take a survey of Flatland."   7.4

in der Zwischenzeit wollen wir uns das Flachland
ansehen."

Once more I felt myself rising through space.   8.1

Erneut spürte ich, wie ich durch den Raum aufstieg.

It was even as the Sphere had said.   8.2

Es war genauso, wie die Sphäre gesagt hatte.

The further we receded from the object we beheld,   8.3
the larger became the field of vision.

Je weiter wir uns von dem Objekt, das wir erblickten,
entfernten, desto größer wurde das Sichtfeld.

My native city, with the interior of every house   8.4
and every creature therein, lay open to my view in
miniature.

Meine Heimatstadt, mit dem Inneren jedes Hauses und
jedem Lebewesen darin, stand mir in Miniaturform offen.

We mounted higher, and lo, the secrets of the earth,   8.5
the depths of the mines and inmost caverns of the
hills, were bared before me.

Wir stiegen höher, und siehe da, die Geheimnisse der Erde,
die Tiefen der Minen und die tiefsten Höhlen der Berge
wurden vor mir ausgebreitet.

Awestruck at the sight of the mysteries of the earth,   9.1
thus unveiled before my unworthy eye, I said to my
Companion:

Erstaunt über den Anblick der Geheimnisse der Erde, die so
vor meinem unwürdigen Auge enthüllt wurden, sagte ich
zu meinem Gefährten:

"Behold, I am become as a God.   9.2

"Seht, ich bin wie ein Gott geworden.

9.3 For the wise men in our country say that to see all
things, or as they express it, omnividence, is the
attribute of God alone."

Denn die Weisen in unserem Land sagen, dass alles zu
sehen, oder wie sie es ausdrücken, Allwissenheit, die
einzige Eigenschaft Gottes ist."

9.4 There was something of scorn in the voice of my
Teacher as he made answer:

In der Stimme meines Lehrers lag etwas wie Hohn, als er
antwortete:

9.5 "is it so indeed?

"Ist das wirklich so?

9.6 Then the very pick-pockets and cut-throats of my
country are to be worshipped by your wise men as
being Gods: for there is not one of them that does not
see as much as you see now.

Dann werden die Taschendiebe und Halsabschneider
meines Landes von euren Weisen als Götter verehrt, denn
es gibt keinen unter ihnen, der nicht so viel sieht, wie ihr
jetzt seht.

9.7 But trust me, your wise men are wrong."

Aber glaubt mir, eure Weisen irren sich."

10.1 I. Then is omnividence the attribute of others besides
Gods?

I. Ist die Allwissenheit dann das Attribut anderer als der
Götter?

11.1 Sphere. I do not know.

Sphäre. Ich weiß es nicht.

But, if a pick-pocket or a cut-throat of our country 11.2
can see everything that is in your country, surely that
is no reason why the pick-pocket or cut-throat should
be accepted by you as a God.

Aber wenn ein Taschendieb oder ein Halsabschneider in
unserem Land alles sehen kann, was in eurem Land ist,
dann ist das kein Grund, warum der Taschendieb oder
der Halsabschneider von euch als Gott akzeptiert werden
sollte.

This omnividence, as you call it - 11.3

Macht Sie diese Allwissenheit, wie Sie es nennen -

it is not a common word in Spaceland - 11.4

es ist kein gängiges Wort im Weltraum -

does it make you more just, more merciful, less 11.5
selfish, more loving?

gerechter, barmherziger, weniger egoistisch, liebevoller?

Not in the least. Then how does it make you more 11.6
divine?

Nicht im Geringsten. Wie macht sie Sie dann göttlicher?

I. "More merciful, more loving!" 12.1

I. "Barmherziger, liebevoller!"

But these are the qualities of women! 12.2

Aber das sind die Eigenschaften der Frauen!

And we know that a Circle is a higher Being than a 12.3
Straight Line, in so far as knowledge and wisdom are
more to be esteemed than mere affection.

Und wir wissen, dass ein Kreis ein höheres Wesen ist als
eine gerade Linie, insofern Wissen und Weisheit höher zu
bewerten sind als bloße Zuneigung.

274

13.1 **Sphere.**
Sphäre.

13.2 **It is not for me to classify human faculties according to merit.**
Es steht mir nicht zu, die menschlichen Fähigkeiten nach ihrem Verdienst zu klassifizieren.

13.3 **Yet many of the best and wisest in Spaceland think more of the affections than of the understanding,**
Doch viele der Besten und Weisesten im Weltraumland halten mehr von den Gefühlen als vom Verstand,

13.4 **more of your despised Straight Lines than of your belauded Circles.**
mehr von euren verachteten Geraden als von euren gelobten Kreisen.

13.5 **But enough of this. Look yonder. Do you know that building?**
Doch genug hiervon. Schaut dorthin. Kennen Sie dieses Gebäude?

14.1 **I looked, and afar off I saw an immense Polygonal structure, in which I recognized the General Assembly Hall of the States of Flatland, surrounded by dense lines of Pentagonal buildings at right angles to each other, which I knew to be streets;**
Ich schaute, und in der Ferne sah ich ein riesiges polygonales Bauwerk, in dem ich die Generalversammlung der Flachlandstaaten erkannte, umgeben von dichten Reihen fünfeckiger, rechtwinklig zueinander stehender Gebäude, die ich als Straßen erkannte;

and I perceived that I was approaching the great Metropolis. 14.2

und ich erkannte, dass ich mich der großen Metropole näherte.

"Here we descend," said my Guide. 15.1

"Hier steigen wir hinab," sagte mein Führer.

It was now morning, 15.2

Es war jetzt Morgen,

the first hour of the first day of the two thousandth year of our era. 15.3

die erste Stunde des ersten Tages des zweitausendsten Jahres unserer Zeitrechnung.

Acting, as was their wont, in strict accordance with precedent, the highest Circles of the realm were meeting in solemn conclave, as they had met on the first hour of the first day of the year 1000, and also on the first hour of the first day of the year 0. 15.4

Die höchsten Kreise des Reiches traten, wie es ihre Gewohnheit war, in feierlicher Konklave zusammen, so wie sie es in der ersten Stunde des ersten Tages des Jahres 1000 und auch in der ersten Stunde des ersten Tages des Jahres 0 getan hatten.

The minutes of the previous meetings were now read by one whom I at once recognized as my brother, a perfectly Symmetrical Square, and the Chief Clerk of the High Council. 16.1

Die Protokolle der vorangegangenen Versammlungen wurden nun von einem verlesen, den ich sofort als meinen Bruder, ein perfektes symmetrisches Quadrat, und den Hauptschreiber des Hohen Rates erkannte.

16.2 It was found recorded on each occasion that:

Bei jeder Gelegenheit wurde festgehalten, dass:

16.3 "Whereas the States had been troubled by divers ill-intentioned persons pretending to have received revelations from another World, and professing to produce demonstrations whereby they had instigated to frenzy both themselves and others, it had been for this cause unanimously resolved by the Grand Council that on the first day of each millenary, special injunctions be sent to the Prefects in the several districts of Flatland, to make strict search for such misguided persons, and without formality of mathematical examination, to destroy all such as were Isosceles of any degree, to scourge and imprison any regular Triangle, to cause any Square or Pentagon to be sent to the district Asylum, and to arrest any one of higher rank, sending him straightway to the Capital to be examined and judged by the Council."

"Da die Staaten von verschiedenen böswilligen Personen beunruhigt worden waren, die vorgaben, Offenbarungen aus einer anderen Welt erhalten zu haben, und die behaupteten, Vorführungen zu machen, mit denen sie sich selbst und andere zur Raserei anstifteten, wurde vom Großen Rat einstimmig beschlossen, dass am ersten Tag eines jeden Jahrtausends besondere Anordnungen an die Präfekten in den verschiedenen Bezirken von Flachland gesandt werden, eine strenge Suche nach solchen fehlgeleiteten Personen zu unternehmen und ohne die Formalität einer mathematischen Prüfung alle Gleichschenkligen jeglichen Grades zu vernichten, jedes reguläre Dreieck zu geißeln und zu inhaftieren, jedes Quadrat oder Pentagon in das Bezirksasyl zu schicken und jeden von höherem Rang zu verhaften und ihn sofort in die Hauptstadt zu schicken, um vom Rat untersucht und beurteilt zu werden."

"You hear your fate," said the Sphere to me,   17.1
"Du hörst dein Schicksal," sagte die Sphäre zu mir,

while the Council was passing for the third time the   17.2
formal resolution.
während das Konzil zum dritten Mal die formelle
Resolution verabschiedete.

"Death or imprisonment awaits the Apostle of the   17.3
Gospel of Three Dimensions."
"Tod oder Gefangenschaft erwartet den Apostel des
Evangeliums der drei Dimensionen."

"Not so," replied I,   17.4
"Nicht doch," erwiderte ich,

"the matter is now so clear to me, the nature of real   17.5
space so palpable, that methinks I could make a child
understand it.
"die Sache ist mir jetzt so klar, die Natur des wirklichen
Raumes so greifbar, dass ich glaube, ich könnte sie einem
Kind verständlich machen.

Permit me but to descend at this moment and   17.6
enlighten them."
Erlaubt mir nur, in diesem Augenblick herabzusteigen und
sie zu erleuchten."

"Not yet," said my Guide,   17.7
"Noch nicht," sagte mein Führer,

"the time will come for that.   17.8
"die Zeit dafür wird kommen.

Meantime I must perform my mission.   17.9
In der Zwischenzeit muss ich meine Mission erfüllen.

17.10 Stay thou there in thy place."

Bleib du dort an deinem Platz."

17.11 Saying these words, he leaped with great dexterity into the sea (if I may so call it) of Flatland, right in the midst of the ring of Counsellors.

Mit diesen Worten sprang er mit großer Geschicklichkeit in das Meer (wenn ich es so nennen darf) des Flachlandes, mitten in den Ring der Ratsherren.

17.12 "I come," said he,

"Ich komme," sagte er,

17.13 "to proclaim that there is a land of Three Dimensions."

"um zu verkünden, dass es ein Land der drei Dimensionen gibt."

18.1 I could see many of the younger Counsellors start back in manifest horror, as the Sphere's circular section widened before them.

Ich konnte sehen, wie viele der jüngeren Räte in offenkundigem Entsetzen zurückwichen, als sich der kreisförmige Ausschnitt der Sphäre vor ihnen weitete.

18.2 But on a sign from the presiding Circle -

Aber auf ein Zeichen des vorsitzenden Kreises -

18.3 who shewed not the slightest alarm or surprise -

der nicht die geringste Beunruhigung oder Überraschung zeigte -

18.4 six Isosceles of a low type from six different quarters rushed upon the Sphere.

stürmten sechs Gleichschenkel eines niedrigen Typs aus sechs verschiedenen Vierteln auf die Kugel zu.

"We have him," they cried;   18.5
"Wir haben ihn," riefen sie;

"No; yes; we have him still! he's going! he's gone!"   18.6
"Nein, ja, wir haben ihn immer noch! er geht! er ist weg!"

"My Lords,"   19.1
"Meine Herren,"

said the President to the Junior Circles of the   19.2
Council,
sagte der Präsident zu den jüngeren Kreisen des Rates,

"there is not the slightest need for surprise;   19.3
"es gibt nicht den geringsten Grund zur Überraschung;

the secret archives, to which I alone have access, tell   19.4
me that a similar occurrence happened on the last
two millennial commencements.
die geheimen Archive, zu denen nur ich Zugang habe,
sagen mir, dass ein ähnlicher Vorfall bei den letzten beiden
Jahrtausendwechseln stattgefunden hat.

You will, of course, say nothing of these trifles   19.5
outside the Cabinet."
Sie werden natürlich außerhalb des Kabinetts nichts von
diesen Kleinigkeiten sagen."

Raising his voice, he now summoned the guards.   20.1
Er erhob seine Stimme und rief nun die Wachen herbei.

"Arrest the policemen; gag them.   20.2
"Nehmt die Polizisten fest und knebelt sie.

You know your duty."   20.3
Ihr kennt eure Pflicht."

20.4 After he had consigned to their fate the wretched policemen -

Nachdem er die unglücklichen Polizisten -

20.5 ill-fated and unwilling witnesses of a State-secret which they were not to be permitted to reveal -

unglückliche und unwillige Zeugen eines Staatsgeheimnisses, das sie nicht preisgeben durften -

20.6 he again addressed the Counsellors.

ihrem Schicksal überlassen hatte, wandte er sich erneut an die Räte.

20.7 "My Lords, the business of the Council being concluded, I have only to wish you a happy New Year."

"Meine Herren, da die Geschäfte des Rates abgeschlossen sind, bleibt mir nur noch, Ihnen ein gutes neues Jahr zu wünschen."

20.8 Before departing, he expressed, at some length, to the Clerk, my excellent but most unfortunate brother, his sincere regret that, in accordance with precedent and for the sake of secrecy, he must condemn him to perpetual imprisonment, but added his satisfaction that, unless some mention were made by him of that day's incident, his life would be spared.

Bevor er sich verabschiedete, drückte er dem Gerichtsschreiber, meinem ausgezeichneten, aber höchst unglücklichen Bruder, sein aufrichtiges Bedauern darüber aus, dass er ihn gemäß dem Präzedenzfall und um der Geheimhaltung willen zu ewiger Haft verurteilen müsse, fügte aber seine Genugtuung darüber hinzu, dass sein Leben verschont bleiben würde, wenn er den Vorfall dieses Tages nicht erwähnen würde.

§ 19 How, though the Sphere shewed me other mysteries of Spaceland, I still desire more; and what came of it

§ 19 Wie, obwohl die Sphäre mir andere Geheimnisse von Spaceland zeigte, ich immer noch mehr begehre; und was daraus wurde

1.1 When I saw my poor brother led away to imprisonment, I attempted to leap down into the Council Chamber, desiring to intercede on his behalf, or at least bid him farewell.

Als ich sah, wie mein armer Bruder in den Kerker geführt wurde, wollte ich in die Ratskammer hinunterspringen, um für ihn einzutreten oder ihm wenigstens Lebewohl zu sagen.

1.2 But I found that I had no motion of my own.

Aber ich stellte fest, dass ich keine eigene Bewegung hatte.

I absolutely depended on the volition of my Guide,
who said in gloomy tones: 1.3

Ich war völlig auf den Willen meines Führers angewiesen,
der in düsterem Ton sagte:

"Heed not thy brother;   1.4

"Kümmere dich nicht um deinen Bruder;

haply thou shalt have ample time hereafter to
condole with him.   1.5

vielleicht hast du nachher genügend Zeit, ihm zu
kondolieren.

Follow me."   1.6

Folge mir."

Once more we ascended into space. "Hitherto,"   2.1

Noch einmal stiegen wir in den Raum auf. "Bis jetzt,"

said the Sphere,   2.2

sagte die Sphäre,

"I have shewn you naught save Plane Figures and
their interiors.   2.3

"habe ich euch nichts anderes gezeigt als ebene Figuren
und ihr Inneres.

Now I must introduce you to Solids,   2.4

Jetzt muss ich euch mit den Körpern bekannt machen und
euch den Plan offenbaren,

and reveal to you the plan upon which they are
constructed.   2.5

nach dem sie aufgebaut sind.

2.6 **Behold this multitude of moveable square cards.**
Sieh dir diese Vielzahl beweglicher quadratischer Karten an.

2.7 **See, I put one on another, not, as you supposed, Northward of the other, but on the other.**
Sieh, ich lege eine auf eine andere, nicht, wie du vermutet hast, nördlich der anderen, sondern auf die andere.

2.8 **Now a second, now a third. See,**
Jetzt eine zweite, jetzt eine dritte. Siehst du,

2.9 **I am building up a Solid by a multitude of Squares parallel to one another.**
ich baue einen Körper aus einer Vielzahl von Quadraten parallel zueinander.

2.10 **Now the Solid is complete, being as high as it is long and broad, and we call it a Cube."**
Nun ist der Körper vollständig, er ist so hoch wie er lang und breit ist, und wir nennen ihn einen Würfel."

(1)

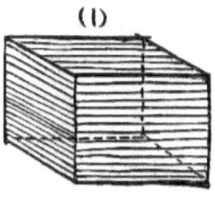

(2)

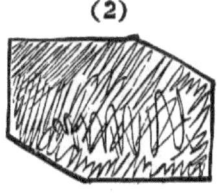

"Pardon me, my Lord," replied I;   4.1

"Verzeiht mir, mein Herr," antwortete ich,

"but to my eye the appearance is as of an Irregular   4.2
Figure whose inside is laid open to view; in other
words, methinks I see no Solid, but a Plane such as
we infer in Flatland; only of an Irregularity which
betokens some monstrous criminal, so that the very
sight of it is painful to my eyes."

"aber für mein Auge sieht es aus wie eine unregelmäßige
Figur, deren Inneres offen liegt; mit anderen Worten,
ich glaube, ich sehe keinen Festkörper, sondern eine
Ebene, wie wir sie im Flachland vermuten, nur eine
Unregelmäßigkeit, die auf einen monströsen Verbrecher
hindeutet, so dass mir schon der Anblick weh tut."

"True," said the Sphere; "it appears to you a Plane,   5.1

"Stimmt," sagte die Kugel, "sie erscheint dir als eine Ebene,

286

5.2 because you are not accustomed to light and shade and perspective;

weil du nicht an Licht und Schatten und Perspektive gewöhnt bist;

5.3 just as in Flatland a Hexagon would appear a Straight Line to one who has not the Art of Sight Recognition.

so wie im Flachland ein Sechseck einem, der die Kunst des Sehens nicht kennt, als eine gerade Linie erscheint.

5.4 But in reality it is a Solid,

Aber in Wirklichkeit ist es ein Körper,

5.5 as you shall learn by the sense of Feeling."

wie ihr durch den Sinn des Fühlens lernen werdet."

6.1 He then introduced me to the Cube, and I found that this marvellous Being was indeed no Plane, but a Solid; and that he was endowed with six plane sides and eight terminal points called solid angles; and I remembered the saying of the Sphere that just such a Creature as this would be formed by the Square moving, in Space, parallel to himself:

Dann führte er mich in den Würfel ein, und ich stellte fest, dass dieses wunderbare Wesen in der Tat keine Ebene war, sondern ein Festkörper, und dass er mit sechs ebenen Seiten und acht Endpunkten, den so genannten Raumwinkeln, ausgestattet war; und ich erinnerte mich an den Spruch von der Sphäre, dass ein solches Wesen durch das Quadrat gebildet würde, das sich im Raum parallel zu ihm bewegte:

and I rejoiced to think that so insignificant a   6.2
Creature as I could in some sense be called the
Progenitor of so illustrious an offspring.

und ich freute mich bei dem Gedanken, dass ein so
unbedeutendes Wesen wie ich in gewissem Sinne der
Stammvater eines so illustren Sprösslings sein könnte.

But still I could not fully understand the meaning of   7.1
what my Teacher had told me concerning "light" and
"shade" and "perspective"; and I did not hesitate to
put my difficulties before him.

Aber ich konnte die Bedeutung dessen, was mein Lehrer
mir über "Licht" und "Schatten" und "Perspektive" gesagt
hatte, immer noch nicht ganz verstehen, und ich zögerte
nicht, ihm meine Schwierigkeiten vorzutragen.

Were I to give the Sphere's explanation of these   8.1
matters, succinct and clear though it was, it would
be tedious to an inhabitant of Space, who knows
these things already.

Wollte ich die Erklärung der Sphäre zu diesen Dingen
wiedergeben, so kurz und klar sie auch war, so wäre sie
doch für einen Bewohner des Raumes, der diese Dinge
bereits kennt, ermüdend.

8.2 Suffice it, that by his lucid statements, and by changing the position of objects and lights, and by allowing me to feel the several objects and even his own sacred Person, he at last made all things clear to me, so that I could now readily distinguish between a Circle and a Sphere, a Plane Figure and a Solid.

Es genügt, dass er mir durch seine klaren Erklärungen, durch die Veränderung der Position von Gegenständen und Lichtern und dadurch, dass er mir erlaubte, die verschiedenen Gegenstände und sogar seine eigene heilige Person zu fühlen, endlich alle Dinge klar machte, so dass ich nun ohne weiteres zwischen einem Kreis und einer Kugel, einer ebenen Figur und einem Körper unterscheiden konnte.

9.1 This was the Climax, the Paradise, of my strange eventful History.

Dies war der Höhepunkt, das Paradies, meiner seltsamen, bewegten Geschichte.

9.2 Henceforth I have to relate the story of my miserable Fall:

Von nun an muss ich die Geschichte meines unglücklichen Sturzes erzählen:

9.3 — most miserable, yet surely most undeserved!

höchst unglücklich, aber sicherlich unverdient!

9.4 For why should the thirst for knowledge be aroused,

Denn warum sollte der Durst nach Wissen geweckt werden,

9.5 only to be disappointed and punished?

nur um dann enttäuscht und bestraft zu werden?

My volition shrinks from the painful task of recalling
my humiliation; 9.6

Mein Wille schreckt vor der schmerzlichen Aufgabe zurück,
an meine Erniedrigung zu erinnern;

yet, like a second Prometheus, I will endure this
and worse, if by any means I may arouse in the
interiors of Plane and Solid Humanity a spirit of
rebellion against the Conceit which would limit our
Dimensions to Two or Three or any number short of
Infinity. 9.7

doch wie ein zweiter Prometheus werde ich dies und
Schlimmeres ertragen, wenn ich auf irgendeine Weise
im Innern der flachen und festen Menschheit einen Geist
der Rebellion gegen die Einbildung erwecken kann, die
unsere Dimensionen auf zwei oder drei oder irgendeine
Zahl unterhalb der Unendlichkeit begrenzen würde.

Away then with all personal considerations! 9.8

Weg also mit allen persönlichen Überlegungen!

Let me continue to the end, as I began, without
further digressions or anticipations, pursuing the
plain path of dispassionate History. 9.9

Lassen Sie mich bis zum Ende fortfahren, wie ich begonnen
habe, ohne weitere Umschweife oder Vorwegnahmen,
den schlichten Weg der leidenschaftslosen Geschichte
verfolgend.

The exact facts, the exact words, - 9.10

Die genauen Tatsachen, die genauen Worte -

and they are burnt in upon my brain, - 9.11

und sie haben sich in mein Gehirn eingebrannt -

shall be set down without alteration of an iota; 9.12

sollen ohne ein Jota Veränderung niedergeschrieben
werden;

9.13 and let my Readers judge between me and Destiny.
und lassen Sie meine Leser zwischen mir und dem Schicksal entscheiden.

10.1 The Sphere would willingly have continued his lessons by indoctrinating me in the conformation of all regular Solids, Cylinders, Cones, Pyramids, Pentahedrons, Hexahedrons, Dodecahedrons, and Spheres: but I ventured to interrupt him.
Die Kugel hätte ihre Lektionen gerne fortgesetzt, indem sie mir die Form aller regelmäßigen Körper, Zylinder, Kegel, Pyramiden, Pentaeder, Hexaeder, Dodekaeder und Kugeln beigebracht hätte, aber ich wagte es, ihn zu unterbrechen.

10.2 Not that I was wearied of knowledge.
Nicht, dass ich des Wissens überdrüssig gewesen wäre.

10.3 On the contrary, I thirsted for yet deeper and fuller draughts than he was offering to me.
Im Gegenteil, ich dürstete nach noch tieferen und volleren Schlucken, als er sie mir anbot.

11.1 "Pardon me," said I,
"Verzeih mir," sagte ich,

11.2 "O Thou Whom I must no longer address as the Perfection of all Beauty;
"Du, den ich nicht mehr als die Vollkommenheit aller Schönheit ansprechen darf;

11.3 but let me beg thee to vouchsafe thy servant a sight of thine interior."
aber lass mich Dich bitten, Deinem Diener einen Blick in Dein Inneres zu gewähren."

Sphere. My what? 12.1

Sphäre. Meine was?

I. Thine interior: thy stomach, thy intestines. 13.1

I. Dein Inneres: dein Magen, deine Gedärme.

Sphere. Whence this ill-timed impertinent request? 14.1

Sphäre. Woher kommt diese unzeitgemäße, unverschämte
Bitte?

And what mean you by saying that I am no longer the 14.2
Perfection of all Beauty?

Und was willst du damit sagen, dass ich nicht mehr die
Vollkommenheit aller Schönheit bin?

I. My Lord, your own wisdom has taught me to aspire 15.1
to One even more great, more beautiful, and more
closely approximate to Perfection than yourself.

I. Mein Herr, deine eigene Weisheit hat mich gelehrt, nach
einem zu streben, der noch größer, noch schöner und der
Vollkommenheit noch näher ist als du selbst.

As you yourself, superior to all Flatland forms, 15.2
combine many Circles in One, so doubtless there
is One above you who combines many Spheres in One
Supreme Existence, surpassing even the Solids of
Spaceland.

Wie du selbst, der du allen flachen Formen überlegen bist,
viele Kreise in einem vereinigst, so gibt es zweifellos einen
über dir, der viele Sphären in einer höchsten Existenz
vereinigt, die sogar die Körper des Raumes übertrifft.

292

15.3 And even as we, who are now in Space, look down on Flatland and see the insides of all things, so of a certainty there is yet above us some higher, purer region, whither thou dost surely purpose to lead me -

Und so wie wir, die wir uns jetzt im Raum befinden, auf das Flachland herabblicken und das Innere aller Dinge sehen, so gibt es mit Sicherheit über uns noch eine höhere, reinere Region, in die du mich sicherlich führen willst -

15.4 O Thou Whom I shall always call, everywhere and in all Dimensions, my Priest, Philosopher, and Friend -

du, den ich immer und überall und in allen Dimensionen meinen Priester, Philosophen und Freund nennen werde -

15.5 some yet more spacious Space, some more dimensionable Dimensionality, from the vantage-ground of which we shall look down together upon the revealed insides of Solid things, and where thine own intestines, and those of thy kindred Spheres, will lie exposed to the view of the poor wandering exile from Flatland, to whom so much has already been vouchsafed.

einen noch geräumigeren Raum, eine noch größere Dimensionalität, von deren Aussichtspunkt aus wir gemeinsam auf das enthüllte Innere der festen Dinge herabblicken werden, und wo deine eigenen Eingeweide und die deiner verwandten Sphären dem Blick des armen wandernden Exilanten aus dem Flachland ausgesetzt sein werden, dem schon so viel gewährt worden ist.

16.1 Sphere. Pooh! Stuff! Enough of this trifling!

Sphäre. Puh! So ein Quatsch! Genug von dieser Lappalie!

The time is short, and much remains to be done before you are fit to proclaim the Gospel of Three Dimensions to your blind benighted countrymen in Flatland.

16.2

Die Zeit ist kurz, und es bleibt noch viel zu tun, bevor du in der Lage bist, deinen blinden, verblendeten Landsleuten im Flachland das Evangelium der drei Dimensionen zu verkünden.

I. Nay, gracious Teacher, deny me not what I know it is in thy power to perform.

17.1

I. Nein, gnädiger Lehrer, verweigere mir nicht, was ich weiß, dass es in deiner Macht steht, zu erfüllen.

Grant me but one glimpse of thine interior, and I am satisfied for ever, remaining henceforth thy docile pupil, thy unemancipable slave, ready to receive all thy teachings and to feed upon the words that fall from thy lips.

17.2

Gewähre mir nur einen Blick in dein Inneres, und ich bin für immer zufrieden und bleibe fortan dein gelehriger Schüler, dein unbesiegbarer Sklave, bereit, alle deine Lehren zu empfangen und mich von den Worten zu nähren, die von deinen Lippen fallen.

Sphere.

18.1

Sphäre.

Well, then, to content and silence you, let me say at once, I would shew you what you wish if I could;

18.2

Nun denn, um Sie zu befriedigen und zum Schweigen zu bringen, lassen Sie mich sofort sagen, dass ich Ihnen zeigen würde, was Sie wünschen, wenn ich könnte;

but I cannot.

18.3

aber ich kann nicht.

18.4 Would you have me turn my stomach inside out to oblige you?

Soll ich mir den Magen umdrehen, um Ihnen einen Gefallen zu tun?

19.1 I. But my Lord has shewn me the intestines of all my countrymen in the Land of Two Dimensions by taking me with him into the Land of Three.

I. Aber mein Herr hat mir die Eingeweide aller meiner Landsleute im Land der zwei Dimensionen gezeigt, indem er mich mit ihm in das Land der drei Dimensionen nahm.

19.2 What therefore more easy than now to take his servant on a second journey into the blessed region of the Fourth Dimension,

Was liegt also näher,

19.3 where I shall look down with him once more upon this land of Three Dimensions,

als jetzt seinen Diener auf eine zweite Reise in die gesegnete Region der vierten Dimension mitzunehmen,

19.4 and see the inside of every three-dimensioned house,

wo ich mit ihm noch einmal auf dieses Land der drei Dimensionen herabblicken und das Innere jedes dreidimensionalen Hauses,

19.5 the secrets of the solid earth,

die Geheimnisse der festen Erde,

19.6 the treasures of the mines of Spaceland,

die Schätze der Minen des Raumlandes und die Eingeweide jedes festen Lebewesens,

19.7 and the intestines of every solid living creature,

sogar der edlen und anbetungswürdigen Sphären,

295

even the noble and adorable Spheres.   19.8

sehen werde.

Sphere. But where is this land of Four Dimensions?   20.1

Sphäre. Aber wo ist dieses Land der vier Dimensionen?

I. I know not: but doubtless my Teacher knows.   21.1

I. Ich weiß es nicht; aber mein Lehrer weiß es zweifellos.

Sphere. Not I. There is no such land.   22.1

Sphäre. Ich nicht. Es gibt kein solches Land.

The very idea of it is utterly inconceivable.   22.2

Schon die Vorstellung davon ist völlig unvorstellbar.

I. Not inconceivable, my Lord, to me, and therefore   23.1
still less inconceivable to my Master.

I. Nicht unbegreiflich, mein Herr, für mich, und daher
noch weniger unbegreiflich für meinen Meister.

Nay, I despair not that, even here, in this region of   23.2
Three Dimensions, your Lordship's art may make the
Fourth Dimension visible to me; just as in the Land of
Two Dimensions my Teacher's skill would fain have
opened the eyes of his blind servant to the invisible
presence of a Third Dimension, though I saw it not.

Nein, ich verzweifle nicht daran, dass selbst hier, in dieser
Region der drei Dimensionen, die Kunst Eurer Lordschaft
die vierte Dimension für mich sichtbar machen kann, so
wie im Land der zwei Dimensionen die Geschicklichkeit
meines Lehrers gerne die Augen seines blinden Dieners
für die unsichtbare Gegenwart einer dritten Dimension
geöffnet hätte, obwohl ich sie nicht sah.

24.1 **Let me recall the past.**

Lassen Sie mich an die Vergangenheit erinnern.

24.2 **Was I not taught below that when I saw a Line and inferred a Plane, I in reality saw a Third unrecognized Dimension, not the same as brightness, called "height"?**

Wurde ich nicht weiter unten gelehrt, dass ich, wenn ich eine Linie sehe und daraus auf eine Ebene schließe, in Wirklichkeit eine dritte, nicht erkannte Dimension sehe, die nicht dasselbe ist wie die Helligkeit und "Höhe" genannt wird?

24.3 **And does it not now follow that, in this region, when I see a Plane and infer a Solid, I really see a Fourth unrecognized Dimension, not the same as colour, but existent, though infinitesimal and incapable of measurement?**

Und folgt daraus nicht, dass ich in dieser Region, wenn ich eine Ebene sehe und auf einen Körper schließe, in Wirklichkeit eine vierte, nicht erkannte Dimension sehe, die nicht dasselbe ist wie die Farbe, die aber vorhanden ist, wenn auch unendlich klein und nicht messbar?

25.1 **And besides this, there is the Argument from Analogy of Figures.**

Außerdem gibt es noch das Argument der Analogie der Zahlen.

26.1 **Sphere. Analogy! Nonsense: what analogy?**

Sphäre. Eine Analogie! Blödsinn: welche Analogie?

297

I. Your Lordship tempts his servant to see whether he 27.1
remembers the revelations imparted to him.
I. Eure Lordschaft fordert seinen Diener auf, zu prüfen, ob
er sich an die Offenbarungen erinnert, die ihm mitgeteilt
wurden.

Trifle not with me, my Lord; 27.2
Spielt nicht mit mir, mein Herr;

I crave, I thirst, for more knowledge. 27.3
ich sehne mich, ich dürste, nach mehr Wissen.

Doubtless we cannot see that other higher Spaceland 27.4
now, because we have no eye in our stomachs.
Zweifellos können wir das andere, höhere Raumland jetzt
nicht sehen, weil wir kein Auge im Magen haben.

But, just as there was the realm of Flatland, though 27.5
that poor puny Lineland Monarch could neither turn
to left nor right to discern it, and just as there was
close at hand, and touching my frame, the land of
Three Dimensions, though I, blind senseless wretch,
had no power to touch it, no eye in my interior to
discern it, so of a surety there is a Fourth Dimension,
which my Lord perceives with the inner eye of
thought.
Aber so wie es das Reich des Flachlandes gab, obwohl der
arme mickrige Lineland-Monarch sich weder nach links
noch nach rechts wenden konnte, um es zu erkennen, und
so wie das Land der drei Dimensionen ganz in der Nähe
war und meinen Körper berührte, obwohl ich, der blinde,
sinnlose Wicht, keine Macht hatte, es zu berühren, kein
Auge in meinem Inneren, um es zu erkennen, so gibt es
ganz sicher eine vierte Dimension, die mein Herr mit dem
inneren Auge des Denkens wahrnimmt.

298

27.6 **And that it must exist my Lord himself has taught me.**

Und dass sie existieren muss, hat mich mein Herr selbst gelehrt.

27.7 **Or can he have forgotten what he himself imparted to his servant?**

Oder kann er vergessen haben, was er selbst seinem Diener beigebracht hat?

28.1 **In One Dimension, did not a moving Point produce a Line with two terminal points?**

Erzeugt ein sich bewegender Punkt in einer Dimension nicht eine Linie mit zwei Endpunkten?

29.1 **In Two Dimensions, did not a moving Line produce a Square with four terminal points?**

Ergibt eine sich bewegende Linie in zwei Dimensionen nicht ein Quadrat mit vier Endpunkten?

30.1 **In Three Dimensions, did not a moving Square produce — did not this eye of mine behold it — that blessed Being, a Cube, with eight terminal points?**

Hat nicht ein sich bewegendes Quadrat in drei Dimensionen dieses gesegnete Wesen, einen Würfel, mit acht Endpunkten hervorgebracht - hat nicht mein Auge es gesehen?

31.1 **And in Four Dimensions shall not a moving Cube -**

Und wird nicht in vier Dimensionen ein sich bewegender Würfel -

31.2 **alas, for Analogy, and alas for the Progress of Truth, if it be not so -**

ach, für die Analogie und ach, für den Fortschritt der Wahrheit, wenn es nicht so ist -

shall not, I say, the motion of a divine Cube result in a
still more divine Organization with sixteen terminal
points?

31.3

wird nicht, sage ich, die Bewegung eines göttlichen Würfels
zu einer noch göttlicheren Organisation mit sechzehn
Endpunkten führen?

Behold the infallible confirmation of the
Series, 2, 4, 8, 16:

32.1

Seht die unfehlbare Bestätigung der Reihe 2, 4, 8, 16:

is not this a Geometrical Progression? Is not this -

32.2

ist dies nicht eine geometrische Progression? Ist dies nicht -

if I might quote my Lord's own words -

32.3

wenn ich die eigenen Worte meines Herrn zitieren darf -

"strictly according to Analogy"?

32.4

"streng nach der Analogie"?

Again, was I not taught by my Lord that as in a Line
there are two bounding Points, and in a Square there
are four bounding Lines, so in a Cube there must be
six bounding Squares?

33.1

Wurde ich nicht von meinem Herrn gelehrt, dass es in
einem Würfel sechs begrenzende Quadrate geben muss, so
wie es in einer Linie zwei begrenzende Punkte und in einem
Quadrat vier begrenzende Linien gibt?

Behold once more the confirming Series, 2, 4, 6:

33.2

Seht noch einmal die bestätigende Reihe 2, 4, 6:

is not this an Arithmetical Progression?

33.3

ist das nicht eine arithmetische Progression?

33.4 And consequently does it not of necessity follow that
the more divine offspring of the divine Cube in the
Land of Four Dimensions,

Und folgt daraus nicht notwendigerweise,

33.5 must have 8 bounding Cubes:

dass der göttlichere Abkömmling des göttlichen Würfels im
Land der vier Dimensionen 8 begrenzende Würfel haben
muss:

33.6 and is not this also, as my Lord has taught me to
believe,

und ist dies nicht auch, wie mein Herr mich zu glauben
gelehrt hat,

33.7 "strictly according to Analogy"?

"streng nach der Analogie"?

34.1 O, my Lord, my Lord, behold, I cast myself in faith
upon conjecture, not knowing the facts;

Oh, mein Herr, mein Herr, siehe, ich stütze mich im
Glauben auf Vermutungen, ohne die Tatsachen zu kennen;

34.2 and I appeal to your Lordship to confirm or deny my
logical anticipations.

und ich appelliere an deine Herrschaft, meine logischen
Vermutungen zu bestätigen oder zu verneinen.

34.3 If I am wrong, I yield, and will no longer demand a
Fourth Dimension;

Wenn ich falsch liege, gebe ich nach und werde nicht länger
eine vierte Dimension verlangen;

34.4 but, if I am right, my Lord will listen to reason.

wenn ich aber recht habe, wird mein Herr auf die Vernunft
hören.

I ask therefore, is it, or is it not, the fact, that ere
now your countrymen also have witnessed the
descent of Beings of a higher order than their own,
entering closed rooms, even as your Lordship entered
mine, without the opening of doors or windows, and
appearing and vanishing at will?

35.1

Ich frage daher: Ist es eine Tatsache, oder ist es nicht so,
dass auch Ihre Landsleute schon den Abstieg von Wesen
einer höheren Ordnung als der ihren erlebt haben, die in
geschlossene Räume eintraten, so wie Ihre Lordschaft in
den meinen, ohne dass sich Türen oder Fenster öffneten,
und die nach Belieben erschienen und verschwanden?

On the reply to this question I am ready to stake
everything.

35.2

Auf die Antwort auf diese Frage bin ich bereit, alles zu
setzen.

Deny it, and I am henceforth silent.

35.3

Leugnen Sie sie, so schweige ich von nun an.

Only vouchsafe an answer.

35.4

Verbürgt Euch nur für eine Antwort.

Sphere (after a pause). It is reported so.

36.1

Sphere (nach einer Pause). Es wird so berichtet.

But men are divided in opinion as to the facts.

36.2

Aber die Menschen sind geteilter Meinung, was die Fakten
angeht.

And even granting the facts,

36.3

Und selbst wenn man die Fakten anerkennt,

they explain them in different ways.

36.4

erklären sie sie auf unterschiedliche Weise.

36.5 **And in any case, however great may be the number of different explanations, no one has adopted or suggested the theory of a Fourth Dimension.**
Und wie groß auch immer die Zahl der verschiedenen Erklärungen sein mag, niemand hat die Theorie einer vierten Dimension angenommen oder vorgeschlagen.

36.6 **Therefore, pray have done with this trifling, and let us return to business.**
Daher bitte ich Sie, mit dieser Lappalie aufzuhören und zur Sache zurückzukehren.

37.1 **I. I was certain of it.**
I. Ich war mir dessen sicher.

37.2 **I was certain that my anticipations would be fulfilled.**
Ich war sicher, dass meine Erwartungen erfüllt werden würden.

37.3 **And now have patience with me and answer me yet one more question,**
Und nun habt Geduld mit mir und beantwortet mir noch eine Frage,

37.4 **best of Teachers!**
ihr besten Lehrer!

37.5 **Those who have thus appeared -**
Diejenigen, die auf diese Weise erschienen sind -

37.6 **no one knows whence - and have returned -**
niemand weiß, woher - und zurückgekehrt sind -

37.7 **no one knows whither -**
niemand weiß, wohin -

have they also contracted their sections and vanished   37.8
somehow into that more Spacious Space, whither I
now entreat you to conduct me?

haben sie auch ihre Abschnitte zusammengezogen und sind
irgendwie in jenem größeren Raum verschwunden, in den
ich dich jetzt bitte, mich zu führen?

Sphere (moodily). They have vanished, certainly -   38.1

Sphäre (launisch). Sie sind verschwunden, gewiss -

if they ever appeared.   38.2

wenn sie jemals erschienen sind.

But most people say that these visions arose from the   38.3
thought -

Aber die meisten Leute sagen, dass diese Visionen aus dem
Gedanken entstanden sind -

you will not understand me -   38.4

du wirst mich nicht verstehen -

from the brain; from the perturbed angularity of the   38.5
Seer.

aus dem Gehirn, aus der gestörten Winkelhaftigkeit des
Sehers.

I. Say they so? Oh, believe them not.   39.1

I. Sagen sie das? Oh, glaube ihnen nicht.

Or if it indeed be so, that this other Space is really   39.2
Thoughtland, then take me to that blessed Region
where I in Thought shall see the insides of all solid
things.

Oder wenn es tatsächlich so ist, dass dieser andere Raum
wirklich Gedankenland ist, dann führe mich in jene
gesegnete Region, wo ich in Gedanken das Innere aller
festen Dinge sehen werde.

39.3 There, before my ravished eye, a Cube moving in some altogether new direction, but strictly according to Analogy, so as to make every particle of his interior pass through a new kind of Space, with a wake of its own -

Dort, vor meinem entzückten Auge, wird ein Würfel, der sich in einer ganz neuen Richtung bewegt, aber streng nach der Analogie, so dass jedes Teilchen seines Inneren eine neue Art von Raum durchläuft, mit einem eigenen Sog -

39.4 shall create a still more perfect perfection than himself, with sixteen terminal Extra-solid angles, and Eight solid Cubes for his Perimeter.

eine noch vollkommenere Vollkommenheit als er selbst schaffen, mit sechzehn endständigen extra-festen Winkeln und acht festen Würfeln für seinen Umfang.

39.5 And once there,

Und wenn wir einmal dort sind,

39.6 shall we stay our upward course?

sollen wir dann unseren aufsteigenden Kurs beibehalten?

39.7 In that blessed region of Four Dimensions, shall we linger at the threshold of the Fifth, and not enter therein?

Sollen wir in dieser gesegneten Region der vier Dimensionen an der Schwelle der fünften verweilen und nicht in sie eintreten?

39.8 Ah, no!

Ach nein!

39.9 Let us rather resolve that our ambition shall soar with our corporal ascent.

Lasst uns vielmehr beschließen, dass unser Ehrgeiz mit unserem körperlichen Aufstieg aufsteigt.

Then, yielding to our intellectual onset, the gates of
the Six Dimension shall fly open; after that a Seventh,
and then an Eighth —

39.10

Dann, wenn wir unserem intellektuellen Vorstoß
nachgeben, werden sich die Tore der sechsten Dimension
öffnen, danach die siebte und dann die achte —

How long I should have continued I know not.

40.1

Wie lange ich hätte weitermachen sollen, weiß ich nicht.

In vain did the Sphere, in his voice of thunder,
reiterate his command of silence, and threaten me
with the direst penalties if I persisted.

40.2

Vergeblich wiederholte die Sphäre mit ihrer
Donnerstimme ihr Schweigegebot und drohte mir mit
den schlimmsten Strafen, wenn ich weitermachte.

Nothing could stem the flood of my ecstatic
aspirations.

40.3

Nichts konnte die Flut meiner ekstatischen Sehnsüchte
aufhalten.

Perhaps I was to blame; but indeed I was intoxicated
with the recent draughts of Truth to which he
himself had introduced me.

40.4

Vielleicht trug ich die Schuld daran, aber ich war
tatsächlich berauscht von den jüngsten Schlucken der
Wahrheit, in die er mich selbst eingeführt hatte.

However, the end was not long in coming.

40.5

Doch das Ende ließ nicht lange auf sich warten.

§ 19 How, though the Sphere shewed me other mysteries of Spaceland, I still desire more; ...

40.6 My words were cut short by a crash outside, and a simultaneous crash inside me, which impelled me through space with a velocity that precluded speech.

Meine Worte wurden durch einen Aufprall draußen und einen gleichzeitigen Aufprall in meinem Inneren unterbrochen, der mich mit einer Geschwindigkeit durch den Raum schleuderte, die es mir unmöglich machte, zu sprechen.

40.7 Down! down! down! I was rapidly descending; and I knew that return to Flatland was my doom.

Runter, runter, runter! Ich befand mich in einem rasanten Sinkflug, und ich wusste, dass die Rückkehr ins Flachland mein Verhängnis war.

40.8 One glimpse, one last and never-to-be-forgotten glimpse I had of that dull level wilderness -

Ein Blick, ein letzter und nie zu vergessender Blick auf diese dumpfe, ebene Wildnis -

40.9 which was now to become my Universe again -

die nun wieder mein Universum werden sollte -

40.10 spread out before my eye. Then a darkness.

breitete sich vor meinem Auge aus. Dann eine Dunkelheit.

40.11 Then a final, all-consummating thunder-peal;

Dann ein letzter, alles verzehrender Donnerschlag;

40.12 and, when I came to myself, I was once more a common creeping Square, in my Study at home, listening to the Peace-Cry of my approaching Wife.

und als ich wieder zu mir kam, war ich wieder ein gewöhnlicher, kriechender Viereckiger in meinem Arbeitszimmer zu Hause, der dem Friedensschrei seiner sich nähernden Frau lauschte.

§ 20 How the Sphere encouraged me in a Vision.

§ 20 Wie die Sphäre mich in einer Vision ermutigte.

1.1 **Although I had less than a minute for reflection, I felt, by a kind of instinct, that I must conceal my experiences from my Wife.**
Obwohl ich weniger als eine Minute Zeit zum Nachdenken hatte, spürte ich instinktiv, dass ich meine Erlebnisse vor meiner Frau verheimlichen musste.

1.2 **Not that I apprehended, at the moment, any danger from her divulging my secret, but I knew that to any Woman in Flatland the narrative of my adventures must needs be unintelligible.**
Nicht, dass ich im Moment eine Gefahr fürchtete, dass sie mein Geheimnis preisgeben könnte, aber ich wusste, dass die Erzählung meiner Abenteuer für jede Frau im Flachland unverständlich sein musste.

309

So I endeavoured to reassure her by some story, invented for the occasion, that I had accidentally fallen through the trap-door of the cellar, and had there lain stunned.

1.3

Ich versuchte also, sie mit einer für diesen Anlass erfundenen Geschichte zu beruhigen: Ich sei aus Versehen durch die Falltür des Kellers gefallen und dort betäubt liegen geblieben.

The Southward attraction in our country is so slight that even to a Woman my tale necessarily appeared extraordinary and well-nigh incredible;

2.1

Die Anziehungskraft des Südens ist in unserem Land so gering, dass selbst einer Frau meine Geschichte ungewöhnlich und fast unglaublich erscheinen musste;

but my Wife, whose good sense far exceeds that of the average of her Sex, and who perceived that I was unusually excited, did not argue with me on the subject, but insisted that I was ill and required repose.

2.2

aber meine Frau, deren gesunder Menschenverstand den des Durchschnitts ihres Geschlechts bei weitem übertrifft, und die merkte, dass ich ungewöhnlich aufgeregt war, stritt nicht mit mir darüber, sondern bestand darauf, dass ich krank sei und Ruhe brauche.

I was glad of an excuse for retiring to my chamber to think quietly over what had happened.

2.3

Ich war froh, dass ich mich in meine Kammer zurückziehen konnte, um in Ruhe über das Geschehene nachzudenken.

When I was at last by myself,

2.4

Als ich endlich allein war,

2.5 a drowsy sensation fell on me;

überkam mich ein schläfriges Gefühl;

2.6 but before my eyes closed I endeavoured to reproduce the Third Dimension, and especially the process by which a Cube is constructed through the motion of a Square.

doch bevor mir die Augen zufielen, versuchte ich, die dritte Dimension nachzuvollziehen, insbesondere den Vorgang, durch den ein Würfel durch die Bewegung eines Quadrats entsteht.

2.7 It was not so clear as I could have wished;

Es war nicht so klar, wie ich es mir gewünscht hätte;

2.8 but I remembered that it must be

aber ich erinnerte mich daran, dass es

2.9 "Upward, and yet not Northward,"

"nach oben und doch nicht nach Norden"

2.10 and I determined steadfastly to retain these words as the clue which, if firmly grasped, could not fail to guide me to the solution.

gehen musste, und ich beschloss, diese Worte fest als den Hinweis zu behalten, der mich, wenn ich ihn fest im Griff hatte, zur Lösung führen würde.

2.11 So mechanically repeating, like a charm, the words

So wiederholte ich mechanisch, wie ein Zauberspruch, die Worte

2.12 "Upward, yet not Northward,"

"Nach oben, aber nicht nach Norden"

2.13 I fell into a sound refreshing sleep.

und fiel in einen gesunden, erfrischenden Schlaf.

During my slumber I had a dream.   3.1
Während ich schlief, hatte ich einen Traum.

I thought I was once more by the side of the Sphere,   3.2
whose lustrous hue betokened that he had exchanged
his wrath against me for perfectly placability.
Ich glaubte, wieder an der Seite der Sphäre zu sein, deren
strahlender Glanz verriet, dass er seinen Zorn gegen mich
gegen vollkommene Versöhnlichkeit eingetauscht hatte.

We were moving together towards a bright but   3.3
infinitesimally small Point, to which my Master
directed my attention.
Wir bewegten uns gemeinsam auf einen hellen, aber
winzig kleinen Punkt zu, auf den mein Meister meine
Aufmerksamkeit lenkte.

As we approached, methought there issued from it a   3.4
slight humming noise as from one of your Spaceland
bluebottles, only less resonant by far, so slight indeed
that even in the perfect stillness of the Vacuum
through which we soared, the sound reached not
our ears till we checked our flight at a distance from it
of something under twenty human diagonals.
Als wir uns ihm näherten, schien es mir, als ginge von
ihm ein leichtes Brummen aus, wie von einer eurer
Weltraumflaschen, nur weit weniger resonant, und zwar so
leicht, dass selbst in der vollkommenen Stille des Vakuums,
durch das wir schwebten, das Geräusch unsere Ohren
nicht erreichte, bis wir unseren Flug in einer Entfernung
von etwas weniger als zwanzig menschlichen Diagonalen
unterbrachen.

"Look yonder," said my Guide,   4.1
"Sieh dort," sagte mein Führer,

4.2 "in Flatland thou hast lived;
"im Flachland hast du gelebt;

4.3 of Lineland thou hast received a vision;
von Lineland hast du eine Vision erhalten;

4.4 thou hast soared with me to the heights of Spaceland;
du bist mit mir zu den Höhen von Spaceland aufgestiegen;

4.5 now, in order to complete the range of thy experience, I conduct thee downward to the lowest depth of existence, even to the realm of Pointland, the Abyss of No dimensions.
nun führe ich dich, um den Umfang deiner Erfahrung zu vervollständigen, hinab in die tiefste Tiefe der Existenz, sogar in das Reich von Pointland, den Abgrund ohne Dimensionen.

5.1 "Behold yon miserable creature.
"Seht euch diese erbärmliche Kreatur an.

5.2 That Point is a Being like ourselves,
Dieser Punkt ist ein Wesen wie wir,

5.3 but confined to the non-dimensional Gulf.
aber auf den nichtdimensionalen Golf beschränkt.

5.4 He is himself his own World, his own Universe;
Er ist selbst seine eigene Welt, sein eigenes Universum;

5.5 of any other than himself he can form no conception;
von irgendetwas anderem als sich selbst kann er sich keine Vorstellung machen;

he knows not Length, nor Breadth, nor Height, for he has had no experience of them;

5.6

er kennt weder Länge noch Breite noch Höhe, denn er hat keine Erfahrung damit gemacht;

he has no cognizance even of the number Two;

5.7

er kennt nicht einmal die Zahl Zwei;

nor has he a thought of Plurality;

5.8

er hat auch keinen Gedanken an Pluralität;

for he is himself his One and All,

5.9

denn er ist selbst sein Ein und Alles,

being really Nothing.

5.10

da er wirklich nichts ist.

Yet mark his perfect self-contentment, and hence learn his lesson, that to be self-contented is to be vile and ignorant, and that to aspire is better than to be blindly and impotently happy.

5.11

Doch beachte seine vollkommene Selbstzufriedenheit und lerne daraus die Lektion, dass es schäbig und unwissend ist, selbstzufrieden zu sein, und dass es besser ist, danach zu streben, als blind und ohnmächtig glücklich zu sein.

Now listen."

5.12

Nun hört zu."

He ceased; and there arose from the little buzzing creature a tiny, low, monotonous, but distinct tinkling, as from one of your Spaceland phonographs, from which I caught these words:

6.1

Er hörte auf, und aus dem kleinen summenden Wesen ertönte ein winziges, leises, monotones, aber deutliches Geklimper, wie von einem eurer Weltraum-Phonographen, aus dem ich diese Worte heraushörte:

6.2 "Infinite beatitude of existence! It is;

"Unendliche Seligkeit der Existenz! Das ist es;

6.3 and there is nothing else beside It."

und es gibt nichts anderes neben ihm."

7.1 "What," said I, "does the puny creature mean by 'it'?"

"Was," sagte ich, "meint das mickrige Geschöpf mit 'es'?"

7.2 "He means himself," said the Sphere:

"Es meint sich selbst," sagte die Sphäre:

7.3 "have you not noticed before now, that babies and babyish people who cannot distinguish themselves from the world, speak of themselves in the Third Person?

"Hast du noch nicht bemerkt, daß Säuglinge und kindische Menschen, die sich nicht von der Welt unterscheiden können, von sich selbst in der dritten Person sprechen?

7.4 But hush!"

Aber pssst!"

8.1 "It fills all Space,"

"Es füllt den ganzen Raum,"

8.2 continued the little soliloquizing Creature,

fuhr das kleine, selbstgesprächeführende Wesen fort,

8.3 "and what It fills, It is. What It thinks,

"und was es füllt, das ist es. Was es denkt,

8.4 that It utters; and what It utters, that It hears;

das spricht es aus; und was es ausspricht, das hört es;

and It itself is Thinker, Utterer, Hearer, Thought, Word, Audition;

8.5

und es selbst ist Denker, Versteher, Hörer, Gedanke, Wort, Gehör;

it is the One, and yet the All in All.

8.6

es ist das Eine, und doch das Alles in Allem.

Ah, the happiness, ah, the happiness of Being!"

8.7

Ach, das Glück, ach, das Glück des Seins!"

"Can you not startle the little thing out of its complacency?"

9.1

"Kannst du das kleine Ding nicht aus seiner Selbstzufriedenheit aufschrecken?"

said I.

9.2

sagte ich.

"Tell it what it really is, as you told me;

9.3

"Sag ihm, was es wirklich ist, so wie du es mir gesagt hast;

reveal to it the narrow limitations of Pointland, and lead it up to something higher."

9.4

zeige ihm die engen Grenzen von Pointland auf und führe es zu etwas Höherem hinauf."

"That is no easy task," said my Master;

9.5

"Das ist keine leichte Aufgabe," sagte mein Meister,

"try you."

9.6

"versuche es."

10.1 Hereon, raising by voice to the uttermost, I addressed the Point as follows:

Daraufhin erhob ich meine Stimme bis zum Äußersten und wandte mich wie folgt an den Punkt:

11.1 "Silence, silence, contemptible Creature.

"Schweig, schweig, verächtliche Kreatur.

11.2 You call yourself the All in All, but you are the Nothing:

Du nennst dich das Alles in Allem, aber du bist das Nichts:

11.3 your so-called Universe is a mere speck in a Line,

dein sogenanntes Universum ist ein bloßer Fleck in einer Linie,

11.4 and a Line is a mere shadow as compared with — "

und eine Linie ist ein bloßer Schatten im Vergleich zu — "

11.5 "Hush, hush, you have said enough," interrupted the Sphere,

"Still, still, du hast genug gesagt," unterbrach die Sphäre,

11.6 "now listen, and mark the effect of your harangue on the King of Pointland."

"nun höre zu und beobachte die Wirkung deiner Ansprache auf den König von Pointland."

12.1 The lustre of the Monarch, who beamed more brightly than ever upon hearing my words, shewed clearly that he retained his complacency;

Der Glanz des Monarchen, der bei meinen Worten heller strahlte als je zuvor, zeigte deutlich, dass er sich seine Zufriedenheit bewahrt hatte;

317

and I had hardly ceased when he took up his strain again.   12.2

und kaum hatte ich aufgehört, nahm er seine Anstrengung wieder auf.

"Ah, the joy, ah, the joy of Thought!   12.3

"Ach, die Freude, ach, die Freude des Denkens!

What can It not achieve by thinking!   12.4

Was kann es nicht erreichen, wenn es denkt!

Its own Thought coming to Itself, suggestive of its disparagement, thereby to enhance Its happiness!   12.5

Sein eigener Gedanke, der zu sich selbst kommt und seine Herabsetzung andeutet, um dadurch sein Glück zu steigern!

Sweet rebellion stirred up to result in triumph! Ah,   12.6

Süße Rebellion, die zum Triumph führt! Ach,

the divine creative power of the All in One!   12.7

die göttliche Schöpferkraft des Alls in Einem!

Ah, the joy, the joy of Being!"   12.8

Ach, die Freude, die Freude des Seins!"

"You see," said my Teacher,   13.1

"Du siehst," sagte mein Lehrer,

"how little your words have done.   13.2

"wie wenig deine Worte bewirkt haben.

So far as the Monarch understand them at all,   13.3

Soweit der Monarch sie überhaupt versteht,

he accepts them as his own -   13.4

nimmt er sie als seine eigenen an -

318

13.5 for he cannot conceive of any other except himself -
er kann sich keinen anderen als sich selbst vorstellen -

13.6 and plumes himself upon the variety of 'Its Thought'
und rühmt sich der Vielfalt 'seines Gedankens'

13.7 as an instance of creative Power.
als Instanz der schöpferischen Kraft.

13.8 Let us leave this God of Pointland to the ignorant
fruition of his omnipresence and omniscience:
Überlassen wir diesen Gott von Pointland der unwissenden
Verwirklichung seiner Allgegenwart und Allwissenheit:

13.9 nothing that you or I can do can rescue him from his
self- satisfaction."
Nichts, was Sie oder ich tun können, kann ihn aus seiner
Selbstzufriedenheit retten."

14.1 After this, as we floated gently back to Flatland, I
could hear the mild voice of my Companion pointing
the moral of my vision, and stimulating me to aspire,
and to teach others to aspire.
Danach, als wir sanft ins Flachland zurückschwebten,
hörte ich die milde Stimme meines Gefährten, die mich auf
die Moral meiner Vision hinwies und mich ansornte,
danach zu streben und andere zu lehren, danach zu
streben.

14.2 He had been angered at first - he confessed -
Anfangs war er verärgert gewesen - das gab er zu -

14.3 by my ambition to soar to Dimensions above the
Third;
über meinen Ehrgeiz, in Dimensionen über der Dritten
aufzusteigen;

but, since then, he had received fresh insight, and
he was not too proud to acknowledge his error to a
Pupil.

14.4

aber seitdem hatte er neue Einsichten gewonnen, und
er war nicht zu stolz, einem Schüler seinen Irrtum
einzugestehen.

Then he proceeded to initiate me into mysteries
yet higher than those I had witnessed, shewing
me how to construct Extra-Solids by the motion of
Solids, and Double Extra-Solids by the motion of
Extra-Solids, and all

14.5

Dann fuhr er fort, mich in Geheimnisse einzuweihen,
die noch höher waren als die, deren Zeuge ich gewesen
war, indem er mir zeigte, wie man Extra-Solids durch die
Bewegung von Solids und Double Extra-Solids durch die
Bewegung von Extra-Solids konstruiert, und das alles

"strictly according to Analogy,"

14.6

"streng nach der Analogie,"

all by methods so simple, so easy, as to be patent even
to the Female Sex.

14.7

alles mit Methoden, die so einfach und leicht waren, dass
sie sogar für das weibliche Geschlecht offensichtlich
waren.

§ 21 How I tried to teach the Theory of Three Dimensions to my Grandson, and with what success

§ 21 Wie ich versuchte, meinem Enkel die Theorie der drei Dimensionen beizubringen, und mit welchem Erfolg

1.1   I awoke rejoicing, and began to reflect on the glorious career before me.

Ich wachte jubelnd auf und begann, über die glorreiche Karriere nachzudenken, die vor mir lag.

1.2   I would go forth, methought, at once, and evangelize the whole of Flatland.

Ich würde, so dachte ich, sofort losziehen und ganz Flachland evangelisieren.

1.3   Even to Women and Soldiers should the Gospel of Three Dimensions be proclaimed.

Sogar den Frauen und Soldaten sollte das Evangelium der drei Dimensionen verkündet werden.

I would begin with my Wife.   1.4

Ich würde mit meiner Frau beginnen.

Just as I had decided on the plan of my operations,   2.1
I heard the sound of many voices in the street
commanding silence.

Gerade als ich mich für meinen Einsatzplan entschieden
hatte, hörte ich viele Stimmen auf der Straße, die Stille
forderten.

Then followed a louder voice.   2.2

Dann folgte eine noch lautere Stimme.

It was a herald's proclamation.   2.3

Es war der Ruf eines Herolds.

Listening attentively, I recognized the words of   2.4
the Resolution of the Council, enjoining the arrest,
imprisonment, or execution of any one who should
pervert the minds of people by delusions, and by
professing to have received revelations from another
World.

Als ich aufmerksam zuhörte, erkannte ich die Worte der
Entschließung des Rates, die die Verhaftung, Inhaftierung
oder Hinrichtung all derer anordnete, die den Verstand
der Menschen durch Wahnvorstellungen verdrehten
und behaupteten, Offenbarungen aus einer anderen Welt
erhalten zu haben.

I reflected. This danger was not to be trifled with.   3.1

Ich dachte nach. Mit dieser Gefahr war nicht zu spaßen.

3.2 It would be better to avoid it by omitting all mention of my Revelation, and by proceeding on the path of Demonstration — which after all, seemed so simple and so conclusive that nothing would be lost by discarding the former means.

Es wäre besser, sie zu vermeiden, indem ich jede Erwähnung meiner Offenbarung unterließ und den Weg der Demonstration einschlug, die schließlich so einfach und schlüssig erschien, dass nichts verloren ging, wenn man die bisherigen Mittel verwarf.

3.3 "Upward, not Northward" -

"Nach oben, nicht nach Norden" -

3.4 was the clue to the whole proof.

das war der Hinweis auf den gesamten Beweis.

3.5 It had seemed to me fairly clear before I fell asleep; and when I first awoke, fresh from my dream, it had appeared as patent as Arithmetic; but somehow it did not seem to me quite so obvious now.

Er war mir vor dem Einschlafen ziemlich klar erschienen, und als ich frisch aus dem Traum erwachte, war er so offensichtlich wie die Arithmetik; aber irgendwie schien er mir jetzt nicht mehr ganz so offensichtlich zu sein.

3.6 Though my Wife entered the room opportunely at just that moment, I decided, after we had exchanged a few words of commonplace conversation, not to begin with her.

Obwohl meine Frau gerade in diesem Augenblick das Zimmer betrat, beschloss ich, nachdem wir ein paar Worte der banalen Unterhaltung gewechselt hatten, nicht mit ihr zu beginnen.

My Pentagonal Sons were men of character and
standing, and physicians of no mean reputation,
but not great in mathematics, and, in that respect,
unfit for my purpose.

4.1

Meine fünfeckigen Söhne waren Männer von Charakter
und Ansehen, und Ärzte von nicht geringem Ruf, aber
nicht groß in Mathematik, und in dieser Hinsicht
ungeeignet für meine Zwecke.

But it occurred to me that a young and docile
Hexagon, with a mathematical turn, would be a
most suitable pupil.

4.2

Aber es kam mir in den Sinn, dass ein junges und gelehriges
Sechseck mit einer mathematischen Veranlagung ein sehr
geeigneter Schüler sein würde.

Why therefore not make my first experiment with my
little precocious Grandson, whose casual remarks on
the meaning of 3 ^ (3) had met with the approval of
the Sphere?

4.3

Warum also nicht mein erstes Experiment mit meinem
kleinen, frühreifen Enkel machen, dessen beiläufige
Bemerkungen über die Bedeutung der Zahl 3 ^ (3) die
Zustimmung der Sphäre gefunden hatten?

Discussing the matter with him, a mere boy, I should
be in perfect safety; for he would know nothing of the
Proclamation of the Council; whereas I could not feel
sure that my Sons -

4.4

Wenn ich die Sache mit ihm, einem kleinen Jungen,
besprechen würde, wäre ich in vollkommener Sicherheit,
denn er wüsste nichts von der Proklamation des Konzils;
ich konnte jedoch nicht sicher sein, dass meine Söhne -

so greatly did their patriotism and reverence for the
Circles predominate over mere blind affection -

4.5

so sehr ihr Patriotismus und ihre Ehrfurcht vor den
Kreisen über bloße blinde Zuneigung hinausging -

4.6 might not feel compelled to hand me over to the Prefect, if they found me seriously maintaining the seditious heresy of the Third Dimension.

sich nicht gezwungen sehen würden, mich dem Präfekten zu übergeben, wenn sie herausfänden, dass ich ernsthaft die aufrührerische Ketzerei der dritten Dimension vertrat.

5.1 But the first thing to be done was to satisfy in some way the curiosity of my Wife, who naturally wished to know something of the reasons for which the Circle had desired that mysterious interview, and of the means by which he had entered the house.

Zunächst aber galt es, die Neugier meiner Frau zu befriedigen, die natürlich etwas über die Gründe wissen wollte, aus denen der Zirkel diese geheimnisvolle Unterredung gewünscht hatte, und über die Mittel, mit denen er ins Haus gekommen war.

5.2 Without entering into the details of the elaborate account I gave her, -

Ohne auf die Einzelheiten des ausführlichen Berichts einzugehen, den ich ihr gab, -

5.3 an account, I fear, not quite so consistent with truth as my Readers in Spaceland might desire, -

ein Bericht, der, wie ich fürchte, nicht ganz so wahrheitsgetreu ist, wie es meine Leser im Raumland vielleicht wünschen -

5.4 I must be content with saying that I succeeded at last in persuading her to return quietly to her household duties without eliciting from me any reference to the World of Three Dimensions.

muss ich mich damit begnügen, zu sagen, dass es mir schließlich gelang, sie zu überreden, ruhig zu ihren häuslichen Pflichten zurückzukehren, ohne mir irgendeinen Hinweis auf die Welt der drei Dimensionen zu entlocken.

This done,   5.5

Nachdem dies geschehen war,

I immediately sent for my Grandson;   5.6

schickte ich sofort nach meinem Enkel;

for, to confess the truth, I felt that all that I had seen   5.7
and heard was in some strange way slipping away
from me, like the image of a half-grasped, tantalizing
dream, and I longed to essay my skill in making a first
disciple.

denn, um die Wahrheit zu gestehen, ich fühlte, dass alles,
was ich gesehen und gehört hatte, mir auf seltsame Weise
entglitt, wie das Bild eines halb ergriffenen, verlockenden
Traums, und ich sehnte mich danach, mein Geschick bei
der Bildung eines ersten Schülers zu erproben.

When my Grandson entered the room I carefully   6.1
secured the door.

Als mein Enkel das Zimmer betrat, verriegelte ich
sorgfältig die Tür.

Then, sitting down by his side and taking our   6.2
mathematical tablets, -

Dann setzte ich mich neben ihn und nahm unsere
mathematischen Tafeln -

or, as you would call them, Lines -   6.3

oder, wie ihr sie nennen würdet, Linien -

I told him we would resume the lesson of yesterday.   6.4

und sagte ihm, wir würden die Lektion von gestern wieder
aufnehmen.

6.5 I taught him once more how a Point by motion in One Dimension produces a Line, and how a straight Line in Two Dimensions produces a Square.

Ich erklärte ihm noch einmal, wie ein Punkt durch Bewegung in einer Dimension eine Linie erzeugt, und wie eine gerade Linie in zwei Dimensionen ein Quadrat ergibt.

6.6 After this, forcing a laugh, I said,

Danach sagte ich unter dem Zwang eines Lachens:

6.7 "And now, you scamp, you wanted to make believe that a Square may in the same way by motion

"Und jetzt, du Schlingel, wolltest du mir weismachen, dass ein Quadrat auf die gleiche Weise durch Bewegung

6.8 'Upward, not Northward' produce another figure,

"nach oben, nicht nach Norden" eine andere Figur,

6.9 a sort of extra square in Three Dimensions.

eine Art zusätzliches Quadrat in drei Dimensionen erzeugen kann.

6.10 Say that again, you young rascal."

Sag das noch einmal, du junger Schlingel."

7.1 At this moment we heard once more the herald's "O yes! O yes!"

In diesem Moment hörten wir erneut das "O ja! O ja!"

7.2 outside in the street proclaiming the Resolution of the Council.

das draußen auf der Straße die Entschließung des Rates verkündete.

Young though he was, my Grandson — who was
unusually intelligent for his age, and bred up in
perfect reverence for the authority of the Circles —
took in the situation with an acuteness for which I
was quite unprepared.

7.3

Obwohl er noch jung war, nahm mein Enkel, der für sein
Alter ungewöhnlich intelligent war und in vollkommener
Ehrfurcht vor der Autorität der Kreise aufgewachsen war,
die Situation mit einem Scharfsinn auf, auf den ich nicht
vorbereitet war.

He remained silent till the last words of the
Proclamation had died away, and then, bursting
into tears,

7.4

Er schwieg, bis die letzten Worte der Proklamation
verklungen waren, und dann brach er in Tränen aus:

"Dear Grandpapa," he said, "that was only my fun,

7.5

"Lieber Großpapa," sagte er, "das war nur mein Spaß,

and of course I meant nothing at all by it;

7.6

und natürlich habe ich damit überhaupt nichts gemeint;

and we did not know anything then about the new
Law;

7.7

und wir wussten damals nichts über das neue Gesetz;

and I don't think I said anything about the Third
Dimension;

7.8

und ich glaube nicht, dass ich etwas über die dritte
Dimension gesagt habe;

and I am sure I did not say one word about

7.9

und ich bin sicher, dass ich kein Wort über

'Upward, not Northward,'

7.10

'nach oben, nicht nach Norden'

7.11 **for that would be such nonsense, you know.**
gesagt habe, denn das wäre so ein Unsinn, weißt du.

7.12 **How could a thing move Upward, and not Northward?**
Wie könnte sich ein Ding nach oben und nicht nach Norden bewegen?

7.13 **Upward and not Northward! Even if I were a baby,**
Aufwärts und nicht nordwärts! Selbst wenn ich ein Baby wäre,

7.14 **I could not be so absurd as that. How silly it is!**
könnte ich nicht so absurd sein wie das. Wie dumm ist das denn!

7.15 **Ha! ha! ha!"**
Ha! ha! ha!"

8.1 **"Not at all silly," said I, losing my temper;**
"Gar nicht so dumm," sagte ich und verlor die Beherrschung;

"here for example, I take this Square," and, at   8.2
the word, I grasped a moveable Square, which
was lying at hand — "and I move it, you see, not
Northward but — yes, I move it Upward — that is
to say, Northward but I move it somewhere — not
exactly like this, but somehow — " Here I brought
my sentence to an inane conclusion, shaking the
Square about in a purposeless manner, much to
the amusement of my Grandson, who burst out
laughing louder than ever, and declared that I was
not teaching him, but joking with him;

"Hier zum Beispiel, ich nehme dieses Quadrat," und bei
diesem Wort griff ich nach einem beweglichen Quadrat,
das zur Hand lag, "und ich bewege es, sehen Sie, nicht nach
Norden, sondern - ja, ich bewege es nach oben, das heißt
nach Norden, aber ich bewege es irgendwo - nicht genau
so, aber irgendwie-" Hier brachte ich meinen Satz zu einem
unsinnigen Ende, indem ich den Platz zwecklos hin und
her schüttelte, sehr zur Belustigung meines Enkels, der
lauter lachte als je zuvor und erklärte, ich würde ihn nicht
belehren, sondern mit ihm scherzen;

and so saying he unlocked the door and ran out of the   8.3
room.

und mit diesen Worten schloss er die Tür auf und rannte
aus dem Zimmer.

Thus ended my first attempt to convert a pupil to the   8.4
Gospel of Three Dimensions.

So endete mein erster Versuch, einen Schüler zum
Evangelium der drei Dimensionen zu bekehren.

§ 22 How I then tried to diffuse the Theory of Three Dimensions by other means, and of the result

§ 22 Wie ich dann versuchte, die Theorie der drei Dimensionen mit anderen Mitteln zu verbreiten, und von dem Ergebnis

1.1 My failure with my Grandson did not encourage me to communicate my secret to others of my household;

Mein Mißerfolg bei meinem Enkel ermutigte mich nicht, mein Geheimnis den anderen Mitgliedern meines Haushalts mitzuteilen;

1.2 yet neither was I led by it to despair of success.

aber er brachte mich auch nicht dazu, am Erfolg zu verzweifeln.

1.3 Only I saw that I must not wholly rely on the catch-phrase,

Ich sah nur, dass ich mich nicht ganz auf das Schlagwort,

1.4 "Upward, not Northward,"

"Nach oben, nicht nach Norden"

331

but must rather endeavour to seek a demonstration
by setting before the public a clear view of the whole
subject;

1.5

verlassen durfte, sondern mich vielmehr bemühen musste,
einen Beweis zu erbringen, indem ich der Öffentlichkeit
eine klare Sicht auf das ganze Thema vermittelte;

and for this purpose it seemed necessary to resort to
writing.

1.6

und zu diesem Zweck schien es notwendig, zum Schreiben
zu greifen.

So I devoted several months in privacy to the
composition of a treatise on the mysteries of Three
Dimensions.

2.1

So widmete ich mich mehrere Monate lang in aller
Abgeschiedenheit dem Verfassen einer Abhandlung über
die Geheimnisse der drei Dimensionen.

Only, with the view of evading the Law, if possible,
I spoke not of a physical Dimension, but of a
Thoughtland whence, in theory, a Figure could look
down upon Flatland and see simultaneously the
insides of all things, and where it was possible that
there might be supposed to exist a Figure environed,
as it were, with six Squares, and containing eight
terminal Points.

2.2

Nur sprach ich, um das Gesetz möglichst zu umgehen,
nicht von einer physischen Dimension, sondern von einem
Gedankenland, von dem aus theoretisch eine Figur auf
das Flachland herabblicken und gleichzeitig das Innere
aller Dinge sehen konnte, und wo es möglich war, dass
eine Figur existierte, die gleichsam von sechs Quadraten
umgeben war und acht Endpunkte enthielt.

2.3 But in writing this book I found myself sadly
hampered by the impossibility of drawing such
diagrams as were necessary for my purpose:
Aber beim Schreiben dieses Buches fand ich mich leider
durch die Unmöglichkeit behindert, solche Diagramme zu
zeichnen, die für meinen Zweck notwendig waren:

2.4 for of course, in our country of Flatland, there are
no tablets but Lines, and no diagrams but Lines, all
in one straight Line and only distinguishable by
difference of size and brightness;
denn natürlich gibt es in unserem Flachland keine Tafeln
außer Linien und keine Diagramme außer Linien, alle in
einer geraden Linie und nur durch den Unterschied von
Größe und Helligkeit unterscheidbar;

2.5 so that, when I had finished my treatise (which I
entitled, "Through Flatland to Thoughtland") I could
not feel certain that many would understand my
meaning.
so dass ich, als ich meine Abhandlung beendet hatte (die
ich "Durch das Flachland zum Gedankenland" nannte),
nicht sicher sein konnte, dass viele meinen Sinn verstehen
würden.

3.1 Meanwhile my wife was under a cloud.
Inzwischen war meine Frau unter einer Wolke.

3.2 All pleasures palled upon me;
Alle Vergnügungen verblassten mir;

all sights tantalized and tempted me to outspoken 3.3
treason, because I could not compare what I saw in
Two Dimensions with what it really was if seen in
Three, and could hardly refrain from making my
comparisons aloud.

alle Anblicke quälten und verleiteten mich zu offenem
Verrat, weil ich das, was ich in zwei Dimensionen sah, nicht
mit dem vergleichen konnte, was es wirklich war, wenn
man es in drei Dimensionen sah, und ich konnte mich
kaum zurückhalten, meine Vergleiche laut zu äußern.

I neglected my clients and my own business to give 3.4
myself to the contemplation of the mysteries which
I had once beheld, yet which I could impart to no
one, and found daily more difficult to reproduce even
before my own mental vision.

Ich vernachlässigte meine Kunden und meine eigenen
Angelegenheiten, um mich der Betrachtung der
Geheimnisse zu widmen, die ich einmal gesehen hatte,
die ich aber niemandem vermitteln konnte und die selbst
vor meinem eigenen geistigen Auge immer schwieriger zu
reproduzieren waren.

One day, about eleven months after my return from 3.5
Spaceland, I tried to see a Cube with my eye closed,
but failed;

Eines Tages, etwa elf Monate nach meiner Rückkehr
aus dem Raumland, versuchte ich, einen Würfel mit
geschlossenen Augen zu sehen, aber es gelang mir nicht;

and though I succeeded afterwards, I was not then 3.6
quite certain (nor have I been ever afterwards) that I
had exactly realized the original.

und obwohl es mir danach gelang, war ich mir damals
nicht ganz sicher (und war es auch später nie mehr), dass
ich das Original genau erkannt hatte.

3.7 **This made me more melancholy than before,**

Dies machte mich noch melancholischer als zuvor und
veranlasste mich,

3.8 **and determined me to take some step; yet what, I
knew not.**

irgendeinen Schritt zu tun; doch was, wusste ich nicht.

3.9 **I felt that I would have been willing to sacrifice my
life for the Cause, if thereby I could have produced
conviction.**

Ich fühlte, dass ich bereit gewesen wäre, mein Leben für
die Sache zu opfern, wenn ich dadurch Überzeugung hätte
schaffen können.

3.10 **But if I could not convince my Grandson,**

Aber wenn ich meinen Enkel nicht überzeugen konnte,

3.11 **how could I convince the highest and most developed
Circles in the land?**

wie sollte ich dann die höchsten und am weitesten
entwickelten Kreise im Lande überzeugen?

4.1 **And yet at times my spirit was too strong for me,**

Und doch war mein Geist zuweilen zu stark für mich,

4.2 **and I gave vent to dangerous utterances.**

und ich machte gefährlichen Äußerungen Luft.

4.3 **Already I was considered heterodox if not
treasonable, and I was keenly alive to the danger
of my position;**

Ich wurde bereits als heterodox, wenn nicht gar als
verräterisch angesehen, und ich war mir der Gefahr meiner
Position sehr bewusst;

nevertheless I could not at times refrain from
bursting out into suspicious or half-seditious
utterances, even among the highest Polygonal or
Circular society.

4.4

dennoch konnte ich es manchmal nicht unterlassen, in
verdächtige oder halbsinnige Äußerungen auszubrechen,
selbst inmitten der höchsten polygonalen oder zirkulären
Gesellschaft.

When, for example, the question arose about the
treatment of those lunatics who said that they had
received the power of seeing the insides of things,
I would quote the saying of an ancient Circle, who
declared that prophets and inspired people are always
considered by the majority to be mad;

4.5

Wenn zum Beispiel die Frage aufkam, wie mit jenen
Verrückten zu verfahren sei, die sagten, sie hätten die
Macht erhalten, das Innere der Dinge zu sehen, zitierte
ich den Spruch eines alten Zirkels, der erklärte, dass
Propheten und inspirierte Menschen von der Mehrheit
immer für verrückt gehalten werden;

and I could not help occasionally dropping such
expressions as "the eye that discerns the interiors of
things," and "the all-seeing land";

4.6

und ich konnte nicht umhin, gelegentlich solche
Ausdrücke wie "das Auge, das das Innere der Dinge
erkennt" und "das alles sehende Land" fallen zu lassen;

once or twice I even let fall the forbidden terms "the
Third and Fourth Dimensions."

4.7

ein - oder zweimal ließ ich sogar die verbotenen Begriffe
"die dritte und vierte Dimension" fallen."

4.8 At last, to complete a series of minor indiscretions, at
a meeting of our Local Speculative Society held at the
palace of the Prefect himself, -

Schließlich, um eine Reihe kleinerer Indiskretionen zu
vervollständigen, bei einer Versammlung unserer lokalen
spekulativen Gesellschaft, die im Palast des Präfekten
selbst abgehalten wurde -

4.9 some extremely silly person having read an elaborate
paper exhibiting the precise reasons why Providence
has limited the number of Dimensions to Two, and
why the attribute of omnividence is assigned to the
Supreme alone -

eine äußerst dumme Person hatte einen ausführlichen
Vortrag gehalten, in dem die genauen Gründe dargelegt
wurden, warum die Vorsehung die Anzahl der
Dimensionen auf zwei beschränkt hat, und warum das
Attribut der Allheit allein dem Höchsten zukommt -

4.10 I so far forgot myself as to give an exact account of
the whole of my voyage with the Sphere into Space,
and to the Assembly Hall in our Metropolis, and
then to Space again, and of my return home, and of
everything that I had seen and heard in fact or vision.

ich vergaß mich so weit, dass ich einen genauen Bericht
über meine gesamte Reise mit der Sphäre in den Weltraum,
zur Versammlungshalle in unserer Metropole und dann
wieder in den Weltraum sowie über meine Rückkehr nach
Hause und über alles, was ich in Wirklichkeit oder in einer
Vision gesehen und gehört hatte, abgab.

4.11 At first, indeed, I pretended that I was describing the
imaginary experiences of a fictitious person;

Anfangs tat ich tatsächlich so, als ob ich die imaginären
Erlebnisse einer fiktiven Person schilderte;

but my enthusiasm soon forced me to throw off 4.12
all disguise, and finally, in a fervent peroration,
I exhorted all my hearers to divest themselves of
prejudice and to become believers in the Third
Dimension.

aber mein Enthusiasmus zwang mich bald, jede
Verkleidung abzulegen, und schließlich forderte ich in
einem inbrünstigen Vortrag alle meine Zuhörer auf, sich
von Vorurteilen zu befreien und an die Dritte Dimension zu
glauben.

Need I say that I was at once arrested and taken 5.1
before the Council?

Muss ich sagen, dass ich sofort verhaftet und dem Rat
vorgeführt wurde?

Next morning, standing in the very place where but 6.1
a very few months ago the Sphere had stood in my
company, I was allowed to begin and to continue my
narration unquestioned and uninterrupted.

Als ich am nächsten Morgen an dem Ort stand, an
dem noch vor wenigen Monaten die Sphäre in meiner
Begleitung gestanden hatte, durfte ich meine Erzählung
unangefochten und ununterbrochen beginnen und
fortsetzen.

But from the first I foresaw my fate; 6.2

Aber ich sah mein Schicksal von Anfang an voraus;

338

6.3 for the President, noting that a guard of the better sort of Policemen was in attendance, of angularity little, if at all, under 55°, ordered them to be relieved before I began my defence, by an inferior class of 2° or 3°.

denn der Präsident stellte fest, dass eine Wache der besseren Sorte von Polizisten anwesend war, deren Winkelmaß kaum oder gar nicht unter 55° lag, und befahl, sie abzulösen, bevor ich mit meiner Verteidigung begann, und zwar durch eine minderwertige Klasse von 2° oder 3°.

6.4 I knew only too well what that meant.

Ich wusste nur zu gut, was das bedeutete.

6.5 I was to be executed or imprisoned, and my story was to be kept secret from the world by the simultaneous destruction of the officials who had heard it;

Ich sollte hingerichtet oder inhaftiert werden, und meine Geschichte sollte durch die gleichzeitige Vernichtung der Beamten, die sie gehört hatten, vor der Welt geheim gehalten werden;

6.6 and, this being the case, the President desired to substitute the cheaper for the more expensive victims.

und da dies der Fall war, wollte der Präsident die billigeren durch die teureren Opfer ersetzen.

7.1 After I had concluded my defence, the President, perhaps perceiving that some of the junior Circles had been moved by evident earnestness, asked me two questions:-

Nachdem ich meine Verteidigung abgeschlossen hatte, stellte mir der Präsident, der vielleicht merkte, dass einige der jüngeren Kreise durch die offensichtliche Ernsthaftigkeit bewegt worden waren, zwei Fragen:-

1. Whether I could indicate the direction which   8.1
I meant when I used the words "Upward, not
Northward"?

1. Könnte ich die Richtung angeben, die ich meinte, als ich
die Worte "aufwärts, nicht nordwärts" verwendete?

2. Whether I could by any diagrams or descriptions   9.1
(other than the enumeration of imaginary sides and
angles) indicate the Figure I was pleased to call a
Cube?

2. Ob ich durch irgendwelche Diagramme oder
Beschreibungen (abgesehen von der Aufzählung der
imaginären Seiten und Winkel) die Figur, die ich gerne
als Würfel bezeichnen würde, angeben könnte?

I declared that I could say nothing more, and that I   10.1
must commit myself to the Truth, whose cause would
surely prevail in the end.

Ich erklärte, dass ich nichts mehr sagen könne und dass ich
mich der Wahrheit verschreiben müsse, deren Sache am
Ende sicher siegen werde.

The President replied that he quite concurred in my   11.1
sentiment,

Der Präsident erwiderte,

and that I could not do better.   11.2

dass er mit meiner Meinung völlig übereinstimme und dass
ich es nicht besser machen könne.

I must be sentenced to perpetual imprisonment;   11.3

Ich müsse zu ewiger Haft verurteilt werden;

11.4   but if the Truth intended that I should emerge from
prison and evangelize the world, the Truth might be
trusted to bring that result to pass.

aber wenn die Wahrheit wolle, dass ich aus dem Gefängnis
herauskomme und die Welt evangelisiere, könne man
darauf vertrauen, dass die Wahrheit dieses Ergebnis
herbeiführe.

11.5   Meanwhile I should be subjected to no discomfort
that was not necessary to preclude escape, and,
unless I forfeited the privilege by misconduct, I
should be occasionally permitted to see my brother
who had preceded me to my prison.

In der Zwischenzeit sollte ich keinen Unannehmlichkeiten
ausgesetzt werden, die nicht notwendig waren, um eine
Flucht zu verhindern, und wenn ich das Privileg nicht
durch Fehlverhalten verwirkte, sollte es mir gelegentlich
erlaubt werden, meinen Bruder zu sehen, der mir in
meinem Gefängnis vorausgegangen war.

12.1   Seven years have elapsed and I am still a prisoner,
and -

Sieben Jahre sind vergangen, und ich bin immer noch ein
Gefangener, und -

12.2   if I except the occasional visits of my brother -

wenn ich von den gelegentlichen Besuchen meines Bruders
absehe -

12.3   debarred from all companionship save that of my
jailers.

von jeder Gesellschaft außer der meiner Kerkermeister
ausgeschlossen.

My brother is one of the best of Squares, just,
sensible, cheerful, and not without fraternal
affection;

12.4

Mein Bruder ist einer der besten Spießer, gerecht,
vernünftig, fröhlich und nicht ohne brüderliche
Zuneigung;

yet I confess that my weekly interviews, at least in
one respect, cause me the bitterest pain.

12.5

dennoch gestehe ich, dass meine wöchentlichen
Unterredungen mir zumindest in einer Hinsicht den
größten Schmerz bereiten.

He was present when the Sphere manifested himself
in the Council Chamber;

12.6

Er war anwesend, als sich die Sphäre in der Ratskammer
manifestierte;

he saw the Sphere's changing sections;

12.7

er sah die wechselnden Abschnitte der Sphäre;

he heard the explanation of the phenomena then give
to the Circles.

12.8

er hörte die Erklärung der Phänomene, die damals den
Kreisen gegeben wurde.

12.9 Since that time, scarcely a week has passed during
seven whole years, without his hearing from me a
repetition of the part I played in that manifestation,
together with ample descriptions of all the
phenomena in Spaceland, and the arguments for
the existence of Solid things derivable from Analogy.
Seitdem ist während sieben Jahren kaum eine Woche
vergangen, ohne dass er von mir eine Wiederholung
der Rolle hörte, die ich bei dieser Manifestation spielte,
zusammen mit ausführlichen Beschreibungen aller
Phänomene im Raumland und den Argumenten für die
Existenz fester Dinge, die sich aus der Analogie ableiten
lassen.

12.10 Yet - I take shame to be forced to confess it -
Dennoch - ich schäme mich, es zugeben zu müssen -

12.11 my brother has not yet grasped the nature of Three
Dimensions, and frankly avows his disbelief in the
existence of a Sphere.
hat mein Bruder das Wesen der drei Dimensionen noch
nicht begriffen und bekennt offen seinen Unglauben an die
Existenz einer Sphäre.

13.1 Hence I am absolutely destitute of converts, and, for
aught that I can see, the millennial Revelation has
been made to me for nothing.
Daher bin ich völlig mittellos an Bekehrten, und soweit ich
sehen kann, ist die tausendjährige Offenbarung für mich
umsonst gemacht worden.

13.2 Prometheus up in Spaceland was bound for bringing
down fire for mortals, but I -
Prometheus im Weltraumland wurde verurteilt, weil er
den Sterblichen das Feuer brachte, aber ich -

poor Flatland Prometheus - 13.3

der arme Flachland- Prometheus -

lie here in prison for bringing down nothing to my 13.4
countrymen.

sitze hier im Gefängnis, weil ich meinen Landsleuten
nichts gebracht habe.

Yet I existing the hope that these memoirs, in some 13.5
manner, I know not how, may find their way to the
minds of humanity in Some Dimension, and may stir
up a race of rebels who shall refuse to be confined to
limited Dimensionality.

Dennoch hege ich die Hoffnung, dass diese Memoiren
auf irgendeine Art und Weise, ich weiß nicht wie, ihren
Weg in die Köpfe der Menschen in irgendeiner Dimension
finden und eine Rasse von Rebellen hervorbringen, die
sich weigern, sich auf eine begrenzte Dimensionalität zu
beschränken.

That is the hope of my brighter moments. 14.1

Das ist die Hoffnung meiner helleren Momente.

Alas, it is not always so. 14.2

Doch leider ist es nicht immer so.

Heavily weights on me at times the burdensome 14.3
reflection that I cannot honestly say I am confident
as to the exact shape of the once-seen, oft-regretted
Cube;

Schwer lastet zuweilen der Gedanke auf mir, dass ich nicht
aufrichtig sagen kann, dass ich mir der genauen Form des
einmal gesehenen, oft bedauerten Würfels sicher bin;

and in my nightly visions the mysterious precept 14.4

und in meinen nächtlichen Visionen verfolgt mich das
geheimnisvolle Gebot

14.5 **"Upward, not Northward,"**

"Nach oben, nicht nach Norden"

14.6 **haunts me like a soul-devouring Sphinx.**

wie eine die Seele verschlingende Sphinx.

14.7 **It is part of the martyrdom which I endure for the cause of Truth that there are seasons of mental weakness, when Cubes and Spheres flit away into the background of scarce-possible existences;**

Es ist Teil des Martyriums, das ich für die Sache der Wahrheit ertrage, dass es Zeiten geistiger Schwäche gibt, wenn Würfel und Sphären in den Hintergrund kaum möglicher Existenzen verschwinden;

14.8 **when the Land of Three Dimensions seems almost as visionary as the Land of One or None;**

wenn das Land der drei Dimensionen fast so visionär erscheint wie das Land der einen oder keiner;

14.9 **nay, when even this hard wall that bars me from my freedom, these very tablets on which I am writing, and all the substantial realities of Flatland itself, appear no better than the offspring of a diseased imagination, or the baseless fabric of a dream.**

ja, wenn sogar diese harte Mauer, die mich von meiner Freiheit abhält, diese Tafeln, auf denen ich schreibe, und alle substanziellen Realitäten von Flatland selbst, nicht besser erscheinen als die Ausgeburten einer kranken Phantasie oder das grundlose Gewebe eines Traums.

345

THE END

OF

FLATLAND

Möwenstein Books

www.mowenstein.com

Renowned Authors

H. G. Wells · Ernest Hemingway
H. P. Lovecraft · Lewis Carroll
Franz Kafka · Friedrich Nietzsche
Albert Einstein · Oscar Wilde
Hans Christian Andersen

Notable Works

Frankenstein · *Alice in Wonderland*
Heart of Darkness · *The Great Gatsby*
Siddhartha · *The Metamorphosis*
Thus Spoke Zarathustra

Translation Services

We offer translation services in various languages, including German, Spanish, Chinese, Korean, Arabic, and more. For custom translations or revisions, please contact us at:

Email: translation@mowenstein.com

Our Collections

Franz Kafka Collection

- The Metamorphosis / Die Verwandlung
- The Trial / Der Prozess
- The Castle / Das Schloss
- and many more...

Pakt mit dem Teufel

- Faust Parts I & II by Johann Wolfgang von Goethe
- Doctor Faustus by Christopher Marlowe

Portraits of Irishmen

- The Picture of Dorian Gray by Oscar Wilde
- A Portrait of the Artist as a Young Man by James Joyce

Children's Classics

- Winnie-the-Pooh / Pu der Bär
- Brothers Grimm Fairy Tales
- Fairy Tales Told for Children
    - Author: Hans Christian Andersen

Visit Us

At Möwenstein Books, we are committed to providing high-quality bilingual editions of classic works. Explore our collections and discover more titles across various genres and languages.

Website: www.mowenstein.com